公开权脱胎于隐私权，是市场经济高度发达的产物
在今日的社会生活中发挥着日益重要的作用

公开权比较研究

A Comparative Study of the Right of Publicity

李 丹 · 著

时事出版社

图书在版编目（CIP）数据

公开权比较研究/李丹著．—北京：时事出版社，2016.9
ISBN 978-7-5195-0005-4

Ⅰ.①公…　Ⅱ.①李…　Ⅲ.①公民权—研究　Ⅳ.①D911.04

中国版本图书馆 CIP 数据核字（2016）第 136596 号

出版发行：时事出版社
地　　址：北京市海淀区万寿寺甲 2 号
邮　　编：100081
发行热线：（010）88547590　88547591
读者服务部：（010）88547595
传　　真：（010）88547592
电子邮箱：shishichubanshe@sina.com
网　　址：www.shishishe.com
印　　刷：北京市昌平百善印刷厂

开本：787×1092　1/16　印张：12.25　字数：185 千字
2016 年 9 月第 1 版　2016 年 9 月第 1 次印刷
定价：55.00 元
（如有印装质量问题，请与本社发行部联系调换）

目　录

CONTENTS

/绪 论/

第一节 选题背景

现代社会是一个以市场经济为主导的社会，在市场经济的发展过程中，越来越多的社会因素被商业化，即使是与自然人紧密相关的人格身份也正在商业化的过程中被发掘出潜在的巨大经济价值。

据美国《财富》杂志统计，在过去十几年职业生涯中，美国篮球明星迈克尔·乔丹已经从体育市场上收入了3.5亿美元。不仅如此，乔丹在没有退役之前，对美国每年产值高达2500亿美元的体育产业也施加了巨大影响。美国财政报告中曾特别指出，乔丹1998年一年为美国创造的收入是美国全年国民生产总值（GDP）的5%，一个人创造了GDP的1/20。

自2001年起，美国畅销商业杂志《福布斯》的网站每年都要发布一次已故名人的收入排行榜。许多名人尽管已经过世多年，但凭借巨大的社会号召力，仍然在为其继承人创造着惊人的财富，收入额甚至不逊于其生前。1977年去世的一代摇滚巨星“猫王”埃尔维斯·普莱斯利（Elvis Presley）的遗产价值从其死时的490万美元飙升至20世纪80年代的7500万美元。进入21世纪以来，他常年稳居福布斯已故名人排行榜的榜首。

在我国，人格身份商业化的现象呈现加速度的发展趋势。改革开放三十多年来，我国的经济发展是世界上最快的。人格身份商业化的趋势在我国也日益明显，因人格身份商业化利用而引发的纠纷越来越多，已经成为司法不得不面临并且大大滞后于其发展的一种社会现象。如全国使用“鲁迅”一名来命名的学校就多达十几所。在 2008 年北京奥运会上，郭晶晶获得了女子个人 3 米板、女子双人 3 米板两块金牌后，成为当之无愧的跳水女皇，其在 2008 年整年的广告收入就达到 2000 万元人民币。

2008 年 12 月底，在中国庆祝改革开放三十年之际，《第二届天下英才中国演艺名人商业价值报告》出炉，为中国名人的商业价值正式做出市场评价。这是我国国内首次以演艺名人公众美誉度、公众信任度、公众期待值为标准，而非单纯过往收入和人气，充分综合此前公布的公众形象满意度调查数据来为艺人商业价值做排名。调查涵盖的范围除了内地及港台地区的歌星、影视明星、曲艺明星、舞蹈明星外，导演和主持人也被纳入。①

市场经济中，自然人的人格身份之所以能够商业化，就是因为其能够给商家带来非常可观的经济效益。在人格身份商业化的社会背景下，欧美国家纷纷对这种社会发展趋势做出了反应。在大陆法系，德国司法实务和民法理论越来越重视人格权的商品化问题，利用自己的人格特点在市场中获利的行为不再被认为是不道德的。而在市场化、商业化高度发达的美国所发展出的公开权（Right of Publicity）制度，则是迄今为止对这种人格身份商业化现象最激进的反应。

美国的公开权制度始于 20 世纪中叶，主要是伴随着二战后美国媒体科技的进步、现代市场经济的飞速发展以及社会商品化意识的不断提高发展而诞生的。在美国，虽然对公开权的讨论和研究已经过了半个多世纪，但是迄今为止，无论是在理论还是立法与司法实践上，美国司法界

---

① 参见中国新闻网，http://www.chinanews.com.cn/yl/mxzz/news/2008/12-23/1498106.shtml。

和学术界仍然充满了争议，并没有统一的定论，也没有统一的联邦公开权法律制度。

在我国，对于人格身份的认识长期以来一直停留在大陆法系传统民法认识的概念上，对于人格身份的商业化这一研究也才刚刚起步，学术界对此概念仍处于介绍、解释和初步的讨论阶段，离立法、司法的实际运用还有很远的距离。无论是从社会的商品经济发达程度，还是法律制度建设的完善程度来讲，我国在人格身份的商业化方面与美国以及西欧国家还存在较大的差距。因此，即使公开权及其类似制度还不是很完善、争议重重，研究公开权及其类似制度的发展、特点和司法实践，对于我们建立自己的相关法律制度仍然具有很高的学术和实践意义。

第二节　研究对象的界定

我们的研究对象主要聚焦在最能体现自然人人格身份商业化的公开权制度上。作为当今世界经济最为发达的国家，与其经济的市场化程度相对称，美国的公开权可以被视为既存的人格身份商业化方面最为发达的法律制度。本书因此将重点追寻美国公开权的发展历程，从中探讨公开权的本质和特征，希望能够从公开权制度的研究中获得一些启示，从而促进我国人格权商品化方面规章制度的建立和完善。

公开权在美国的产生和发展，源于对自然人个人人格身份保护日益增长的需求，主要从美国隐私权制度中衍生而来，是隐私权制度逐渐不能满足社会实际发展的结果。同时，美国公开权是社会经济高度发达、媒体高度大众化发展的产物，是个人的人格身份逐步社会化、市场化、商品化的结果。

在研究美国公开权的过程中，我国有学者将自然人的人格权、自然人的表演形象以及虚构角色形象统统放在一起打包，提出一个“公开权”或“商品化权”的概念统称之，并将其分为两类：一是真实人物的形象，即自然人在公众面前表现其个性特征的人格形象，它通过姓名、声音、签名、影像等人格因素形成具有实质性区别特征的形象，以表现相应的自然人。二是虚构角色，即创造性作品中塑造的具有个性特征的艺术形象，它通过名称、外形、经典动作、口头禅、关键短语等艺术要素，创造并非真实存在的虚拟性角色。虚构角色包括文学角色、视听角色和卡通角色。[①] 他们之所以提出这样的“公开权”或“商品化权”的概念并将人格权包含在其中，是因为大陆法系人格权的范围只及于真人的姓名、肖像等人格要素以及由此产生的权利，而不包含涵盖虚构人物的各种特征或要素。上述所谓“公开权”或“商品化权”的最大特点就是将权利的主体从自然人扩展到了包括虚构人物、法人在内的所有法律主体，甚至将虚构人物的权利也包括在内。[②]

在美国，学理上确实也有真实人物形象与虚构角色形象之分，但其在法律上具有不同的权利形态。真实人物形象的相关权利为“公开权”(right of publicity)，是指“个人对其形象进行商业价值利用的权利”，或表述为“每一个自然人固有的、对其人格要素的商业使用进行控制的权利”。虚构角色形象的相关权利则称之为“角色权”（rights in characters)，其权利指向涉及作品中的“艺术形象”，包括“在电影、电视、动画等作品中出现的人物、动物或机器人等，也包括用语言表现的作品中的虚拟形象”。

笔者认为，与真实人物毫无关系的虚构形象、虚构角色，如唐老鸭、三毛等形象，甚至包括真实人物通过扮演、表演而创造出的角色形象，尽管具有一定或相当的市场价值，但始终是虚构角色，而虚构角色与自然人的人格身份属性没有任何关系，不属于人格权的调整范围，不是人格权的保护对象，而应属于著作权、知识产权的调整范围，没有必要将两种不同类型的权利集中到一起“创建”一个新的权利。因此，虚构的

---

① 吴汉东、胡开忠：《无形财产权制度研究》，法律出版社2005年版，第433—434页。

② 参见李丽峰、李岩：《人格权：从传统走向现代》，中国法制出版社2007年版，第293页。

角色形象，无论是自然人表演的角色还是动画角色，均不属于美国所创制的“公开权”或大陆法系人格权商品化的范畴，不是本书要探讨的内容。

在公开权的发展过程中，关于是不是每个自然人都享有公开权，曾经存在过两种观点。第一种观点认为只有名人才具有公开权，非名人只能主张隐私权，不得主张公开权。另一种观点认为，公开权的主体是一般主体，所有的人对自己的姓名、肖像、生活经历等都享有开发、利用的权利，并禁止他人以营利为目的的未经授权的使用。

在美国公开权发展的早期，确实有一系列的案例将公开权的主体局限于名人、公众人物，原告如果是普通人，只能根据隐私权主张自己的权利。但如今美国多数承认公开权的法院和学者都主张，每一个自然人都应当公平地就其人格身份同时享有隐私权和公开权，并且不受其任何人格要素先前已被利用的影响。

曾任联邦最高法院大法官的霍尔姆斯（Judge Holmes）就提出：“隐私权有别于为商业广告目的使用自己姓名、肖像的权利。后者是一个每个人都拥有的财产权。”① 美国著名学者波斯纳也指出，公开权给一个人这样一种权利，即没有得到他本人的同意，不能在任何广告中使用他的姓名和肖像。所有的人都应该受到公开权的保护。② 1974 年联邦第九巡回上诉法院也重申每一个人都享有公开权：“一般而言，人格被盗用的人的声望和知名度越大，遭受经济损害的程度也越大。然而，这也是有可能的……一个普通人的人格也可产生先前不曾拥有的经济价值，盗用该人格也会致其经济损失。”③ 而在现实中，美国认可公开权的约 30 个州，均以法律形式承认每个人天生享有公开权。例如 1990 年加州最高法院在“摩尔”一案中明确提出：“过去的判决都裁定，每个人都就自己

---

① O'Brien v. Pabst Sales Co. , 124f. 2D 167, at 70 (C. A. 5 1941).

② 参见［美］理查德·A. 波斯纳，苏力译：《超越法律》，中国政法大学出版社 2001 年版，第 609 页。

③ Motschenbacher v. R. J. Reynolds Tobacco Co. , 498 F. 2d 821, ac 824. fn, 11 (C. A. 9 1974).

的形象享有财产权益，未经许可的商业性使用属于应当加以纠正的侵权。”①

在我国学者对公开权进行研究的过程中，也有学者认为，只有名人的人格身份才存在被商业化的可能。事实上，名人的知名度也是相对的，公众人物和一般的普通自然人之间有时候并没有一个明确的界限。如果只承认知名人士的公开权，继而对公开权的构成设置名望、地位的要件，则会阻碍普通自然人对他人擅自商业性使用其人格身份的行为按公平的市场价格索取赔偿，使公开权成为名人专享的特权。事实上，任何自然人的人格身份都存在被商业化的可能性，都可能被非法的公开、使用或传播等行为所侵害。公众人物与普通自然人之间在人格身份上只存在商业价值大小的不同，而无关乎权利是否享有的问题。因此，本书研究的对象是每个自然人的人格身份的商业化，但研究重点则放在名人的人格身份商业化上。

第三节 研究对象的现状

在国外关于人格身份商品化的研究中，往往把重点笔墨投诸于美国的公开权制度。美国关于公开权的研究历时久、案例多，但是迄今为止仍未形成全国范围内统一的公开权成文法，对于公开权的保护仍属于州法的范畴。公开权在亚利桑那、亚拉巴马、加利福尼亚、康涅狄格、佛罗里达、伊利诺伊、肯塔基、密执安、明尼苏达、俄亥俄、宾夕法尼亚、得克萨斯、犹他、威斯康星、佐治亚、新泽西、夏威夷、密歇根等州以普通法（判例法）的形式存在，在加利福尼亚、佛罗里达、伊利诺伊、印第安纳、肯塔基、内布拉斯加、内华达、纽约、俄亥俄、奥克拉荷马、罗德岛、田纳西、得克萨斯、犹他、弗吉尼亚、华盛顿、马萨诸塞、威

① Moore v. Universal Pictures，205 USPQ 1090（Cal. Supreme Court，1990）.

斯康星等州以成文法的形式存在，其中八个州同时以两种形式存在。还有一些州在隐私权法或其他类似的法律中对公开权做了宽泛的规定，如纽约州的隐私权法。①

这种各州公开权制度上的差异，既有各州传统文化背景的考虑，又有经济利益的驱使，并且后者越来越成为一个推动公开权发展不容忽视的因素。近年来，美国各界关于制定有关公开权的联邦统一立法的呼声不断，主要目的也是希望通过统一的法制来结束美国国内混乱的公开权立法和执法现状，整合法律资源，减少诉讼成本，从而能够最大限度地发掘公开权制度的财富，将人格身份中所蕴含的无形资产的财富创造能力发挥到极致，从而最终实现提升美国在国内外市场上经济竞争力的目的。同时，美国各州基于州际经济竞争而不断升级的有关公开权的立法竞争，客观上也在不断刺激着统一成文化运动的进展。因此我们有理由相信，如同知识产权立法在美国的发展一样，公开权法律的统一也必将成为或迟或早的结果。

相较于其他成熟的法律制度，即使在美国，公开权的发展历史也并不算长，因而不可避免地存在一定的理论与实践上的问题，其他国家对公开权法律制度的借鉴或认可因而也显得较为谨慎。到目前为止，尽管存在一些类似的法律规定，还没有一个国家像美国一样以正式的法律形式全面地确认公开权制度。同属英美法系的英国既不存在姓名和形象使用的独占权，也不承认或保护公开权，且由于“严格遵循先例”的普通法传统使然，其对人格身份商品化的支持程度远不如“有限遵循先例”的美国发达。英国法中对此方面的保护主要集中于商标法、仿冒（Passing Off）诉讼和版权法，但也只能在有限的范围内提供保护。澳大利亚和加拿大的一些法院近几年开始以判例的形式承认公开权的存在，并且采用公开权理论来解决司法实践中的问题，然而到目前为止，这样的案例数量仍属有限，没有形成足以引起大众广泛关注进而影响国家整体立

① Marshall Leaffer, The Right of Publicity, 70 Alb. L. Rev. 1357 (2007).

法倾向的规模效益。

作为大陆法系的代表，德国司法实务和民法理论越来越重视人格权的商品化问题，但是德国并没有引入公开权概念，该国把对自然人的肖像、声音、姓名等纳入到“其他人格法益”，由民法予以保护。所谓其他人格法益，指一般人格权中未经明定为特别人格权（人格利益）的部分，此一概括部分将随着人格自由、社会进步、侵害的增加而扩大其保护范畴。但是德国已经开始承认人格权的商品化现象。在著名的“Paul Dahlke”一案中，德国联邦最高法院认为，在广告中使用名人的肖像，在很多情况下只有通过巨额费用才能够获取对方的同意，从而在法律上承认了人格权商品化的行为。德国联邦最高法院在此案中将肖像权归入“具有财产价值的排除权”，这一观点此后也适用到了姓名权和一般人格权的案件中。①

与我国一水之隔的日本在法律制度上追随英美，因此在人格权的商品化立法方面，采用引进美国公开权制度的方法。日本在20世纪60年代从英美法系引进了“商品化权”（Merchandising Right）一词。1976年5月26日东京地方法院做出了用著作权保护角色形象的首例商品化权判决。在20世纪80年代，日本成立了“商品化权保护协会”等民间组织。尽管案例越来越多，但是直到2003年6月止，日本仍没有关于公开权的最高法院的判决，也没有专门对公开权立法予以保护。②

目前，我国也没有以法律的形式正式确认公开权，仅在学术上对公开权进行研究。20世纪90年代初，公开权的概念开始为我国学者所知。随着我国市场经济的发展，以及人格身份商业化利用形式的增多，越来越多的学者对这一权利的探讨产生了浓厚兴趣。有的学者从大陆法人格权保护的角度进行论述，也有学者从知识产权保护的角度进行研究。然

① 参见1999年德国联邦最高法院关于“Marlene Dietrich”一案（BGHZ，214，219），转引自王利明：《人格权法研究》，中国人民大学出版社2005年版，第278页。

② 参见［日］荻原有里：《日本法律对商业公开权的保护》，《知识产权》2003年第5期，第62—64页。

而多数学者或是把公开权视作人格权的异化，提出在人格权中增加一项新的权利，或是将其作为所谓“商品化权”的组成部分和虚拟角色的商业使用一并探讨，而对于自然人的人格要素的商业使用的现象，少有学者对其进行专题研究。

从司法实践来看，我国实务界当前对于涉及真实人物人格身份商业化利用的纠纷基本都力图从现有法律中寻找根据，往往采用人格权法、反不正当竞争法、著作权法和商标法等多种方式综合保护的模式——尽管很多情况下这种解决方式都无法解释其中的一些问题。并且，很多学者倾向于将真实人物公开权的保护最终落脚于反不正当竞争法或者知识产权法的保护，并将之纳入立法建议。此外，尽管商家、名人和学者三方都已经清醒地认识到知名人士个人形象的商业价值，但对于是否有必要将之设定为一项法定的权利则异议颇多，即便是有学者支持模仿美国，在中国法律中植入独立的公开权，对其性质的界定也是莫衷一是、各执一词。所以，到现在为止，在我国人格身份的商品化方面，无论是从理论还是司法实务上，都仍处于不断变化的尝试和探索中。

第四节 研究方法和目标

大陆法系传统人格权制度大多集中于人格利益的保护上，特别是人格权受到侵害时的损害赔偿、尤其是精神损害赔偿问题，强调的是人格权的完整性和不可侵犯性。从人格权的静态方面进行规定的多，动态方面的规定少，只是消极、静态的保护，而对于人格权动态的、积极的权利实现，立法和理论研讨则关注不多。而人格权的商品化、公开权制度正是要实现自然人的人格身份要素主动走向市场，积极进入商业社会参与社会财富的创造，这也是我们研究这个命题的目的。

在本书下面章节的论述中，笔者将运用包括比较分析、历史分析、实证（案例）分析以及语理分析在内的基本原理和研究方法，通过对经验事实的观察和分析来建立和检验各种理论课题。首先，笔者将使用历史分析和实证分析论证公开权的建立过程，探讨公开权的性质、特征，对公开权的司法判例和各种理论进行分析，从中可以看出，公开权其实即是人格身份经济价值属性的体现。另外还对公开权在普通法系国家的不同发展际遇进行介绍和比较，以反映各国现阶段对公开权的利弊考量。其次，与普通法系中“公开权”的发展历史相对应，笔者通过对大陆法系人格权制度的发展运用历史分析的方法，探讨人格权市场化、商品化的真正原因。我们可以看出人格权具有内在的经济价值是人格权商品化的内因和基础，而社会道德变化和科技发展是人格权实现商品化的外在条件。第三，公开权作为普通法系的一项法律制度，借鉴其中的精华纳入我国的人身权体系，法系之间的碰撞和冲突在所难免，因此本书在分析并解构公开权的同时，将公开权与德国、日本、瑞士等大陆法系国家的人格权制度进行了比较，同时反对全盘移植外国法的做法，而是在比较的基础上做出符合本国情况的选择。第四，在分析公开权的性质时，对人格权、财产权、知识产权等概念做了一定程度上的语理分析，其目的即在于梳理各种观点下的概念和术语，避免交流中的障碍和理论上的混乱。

公开权至少可以从两个方面对我国法律具有借鉴意义：第一，人格权是可能也可以具有一定的财产属性的；第二，人格权的内容是可以考虑进行扩充的，凡是可以作为个人身份标识的事物都应该列入人格权商品化的考虑范围。然而，我国百年来传承的都是大陆法系的传统，与普通法系国家的法律体制有着根本性的差异，如何借鉴公开权制度，如何在我国的法律制度中嵌入人格身份商品化的因素，不是一件可以一蹴而就的事情。

在本书中，无论是对公开权概念、特征等基本内涵的论述，还是对人格权商品化的论述，所运用和凭借的概念都是民法中久已广为使用的概念。本书所要梳理的逻辑关系，也是现在法学理论界和实务界的很多学者正在热议的问题。本书研究的预期目标，是通过界定概念，理顺关系，试图在考察和思辨国内外现有研究的前提下，对公开权和人格权商品化的基本内涵进行合理界定；在分析人格身份商品化典型案例的基础上论证我们现有法律制度的缺憾，力图从法律层面和社会层面对如何实现切实有效的人格身份商品化制度进行探讨。本人资质浅薄、学识有限，书中见解必定多有偏失漏误之处，尚待就教于方家，与前辈学者、同辈学人共同切磋交流。

第一章 / 公开权的概念与制度发展 /

公开权的概念来自美国。美国也是迄今为止世界上在人格身份的商业化、财产化道路上走得最远、最彻底的国家。其他普通法国家，特别是一些经济商品化程度同样发达的原英属殖民地国家，如加拿大、澳大利亚等受美国公开权制度的影响，近些年来也出现了在司法实践中引入公开权概念的有益尝试。而老牌的资本主义国家，也是普通法系最中坚的堡垒——英国，尽管也深受市场化经济的冲击，却坚守普通法的保守传统，对新生的公开权制度采取了一种极为审慎的态度，宁愿延伸既有制度的适用范围，也不愿贸然将公开权正式纳入法律，这与美国形成了鲜明的对照。

大陆法系国家，基于其与普通法系国家完全不同的法律文化、传统和体系，美国法下首创的公开权对于大陆法的法律体系难以具有兼容性。但面对名人身份营销的蓬勃及社会经济日益商品化、市场化的现实，各大陆法系国家于是根据自身的情况，纷纷走上了人格权商品化这种具有和公开权异曲同工之妙的大陆法系法律演进之路，以德、法等主要欧陆国家为典型代表。

第一节 公开权在美国

一、概念

美国法中的“公开权”（Right of Publicity），也有人将其翻译为“公开权”或“姓名、肖像公开权”等。[①] 在美国的法律历史中，公开权是从隐私权的概念中发展并独立出来的一种权利。

关于公开权概念的起源，在美国有多种理论，但一般公认1953年第二巡回上诉法院的弗兰克法官在“海兰”一案[②]中首次提出“公开权”的概念，认为公开权就是“对自己的姓名、肖像和角色拥有、保护和进行商业利用”的权利。弗兰克法官对公开权的含义进行的论证如下：

> 我们认为，除了独立的隐私权（这在纽约州见于法典的规定），每个人还就其肖像的形象价值享有权利。这就是允许他人独占性地使用自己肖像的权利。……这个权利可以称之为“公开权”。因为常识告诉我们，许多知名人物（尤其是演员和球星）并不因为他们肖像的公开而感到情感的伤害。但如果他们不能授权他人在广告上使用自己的肖像，不能让自己的肖像出现在报纸、杂志、公共汽车、火车或地铁上，并且不能由此而获得金钱报酬，他们就会痛苦地感

---

① 在我国至少有以下几种翻译：1.“公开权”，如杜颖：《论商品化权》，《民商法论丛(13)》，法律出版社2000年版，第3页。2.“姓名、肖像公开权”，如凯文·斯·马克斯著，梅慎实译，郑成思校：《姓名和肖像权案件中著作权模式的评价（续）》，版权参考资料，1989年第4期。3.“公开权”，如吴汉东：《形象的商品化与商品化的公开权》，《法学》2004年第10期；如李明德：《美国公开权法研究》，《环球法律评论》2003年冬季号。4. 商品化权。5. 名声权，如理查德·A. 波斯纳著，蒋兆康、林毅夫译：《法律和经济分析》（上），中国大百科全书出版社1997年版，第52页。6.“名望权”，如世界知识产权组织提供的《世界知识产权关于反不正当竞争保护的示范规定》中译本，参见郑成思主编：《知识产权文丛》（二），中国政法大学出版社1999年版，第238页。

事实上，在我国，“形象”一词的主体除了可以包含自然人外，还可以包括虚构角色、表演形象、社会组织的形象等等，因此使用“公开权”会造成主体范围过于宽广。因此，公开权是一个很容易混淆的法律概念。有学者认为，在私权领域中，人格权（包括姓名权、肖像权、隐私权等）与知识产权（包括著作权、商标权、商号权等）之间存在着一个边缘地带与交叉部分，以至于不能简单地将形象商品化问题归类于人身权或知识产权的任一范畴。公开权就是在这两大私权制度之间创设的一种新的财产权。它与传统私权制度有着千丝万缕的联系，但又有着自身的独立品性。参见吴汉东：《形象的商品化与商品化的公开权》，《法学》2004年第10期。也有学者认为，公开权是一种仅仅与真实的自然人相关的财产权，公司、合伙组织等法人，以及文学性的虚构人物，包括卡通形象，都不具有公开权。参见李明德：《美国公开权法研究》，《环球法律评论》2003年冬季号。

② Haelan Laboratories, Inc. v. Topps Chewing Gum, Inc., 202 F. 2d 866 (2d Cir. 1953).

觉到被剥夺了什么。[1]

1954 年美国著名法学家尼莫（Nimmer）教授发表了一篇题为“论公开权”[2] 的文章，进一步提出名人需要的不是对隐私的保护，而是对于自己身份的商业价值的保护，以及控制自己身份中的商业性价值的权利：

> 与这些产业（广告、电影、电视和广播）相关联的知名人士，并不追逐布兰迪斯和华伦所主张保护的“独处和隐私”。毫无疑问，隐私确实是他们“要求和需要”的东西。但他们更关注自己的公开形象，这可以看作是隐私这一硬币的另一面。尽管名人不愿意将自己隐藏在隐私的盾牌之后，但他们也绝对不愿意让他人未经自己的许可，或者未向自己支付报酬而使用、公开自己的姓名、肖像或形象。

美国著名的公开权研究学者麦卡锡教授则对公开权做出如下定义：“每一个自然人固有的、对其人格标志的商业使用进行控制的权利。未经许可使用他人人格要素将侵害他人的公开权，并且损害他人这一固有权利所包含的商业价值，而且这种擅自使用不能根据言论自由原则来豁免其责任。”[3] 此外，还有人将公开权定义为：“公开权是限制他人未经许可使用自己姓名、肖像及其他方面个人特性的隐私权的一个分支权利”[4] 等等。1995 年美国《反不正当竞争法重述》（第三版）对公开权的定义则为：“未经他人同意以商业目的擅自使用他人姓名、肖像或其他人格要素，从而非法占有他人人格的商业价值。”[5]

---

① 李明德：《美国知识产权法》，法律出版社 2003 年版，第 398—399 页。

② Melville Nimmer，“The Right of Publicity”，Law & Contemporary Problems 203（1954）.

③ Thomas McCarthy，The Right of Publicity and Privacy，at 5（B）（4），1995.

④ Michael Henry，International Privacy，Publicity and Personality Laws，London，Butterworth，2001，p. 476.

⑤ Restatement（third）of Unfair Competition，as Adopted and Promulgated by the American Law Institute（1995）.

但是，不管何种定义，都可以看出美国公开权的概念具有如下特征：权利主体为自然人；权利的客体包括个人的人格要素，如姓名、肖像及声音等，也包括个人的不能构成著作权的真实表演；公开权的目的是保护人格要素和商业真实表演在社会运用中的商业利益。

二、制度的发展

公开权的概念在美国之所以产生，源于对隐私权保护的需求，是美国的隐私权制度不能满足社会实际发展的结果。1890 年华伦（Samuel Warren）和布兰迪斯（Louis Brandeis）在《哈佛法律评论》上发表的《论隐私权》一文明确主张法律应承认个人的隐私权，被普遍认为是美国隐私权的起源。关于隐私权的第一个案例是 1902 年的“罗伯逊”一案，[①] 1903 年纽约州议会第一次以立法形式确认了隐私权。

尽管“隐私权”的概念先于“公开权”诞生，早期涉及公开权的案例也多以隐私权的名义来处理，但隐私权和公开权的诉求在其发展进程中几乎是相伴而生、同步成长的，公开权和隐私权的案例也几乎是同步出现的。例如 1902 年纽约州的 Roberson 案以及 1905 年乔治亚州的 Pavesich 案，都是未经当事人同意而擅自使用当事人的肖像做商业广告。在这些案例中，虽然法庭只从当事人的隐私权角度对案件进行了探讨，但是因广告而产生的经济利益的处置这个不容忽视的问题也引发了后来人的思考。1903 年纽约州议会制定的第一部美国历史上的隐私权成文法[②]规定，不得未经事先许可而出于广告或交易的目的擅用他人的姓名、肖像和照片，客观上亦涵盖了公开权的内容。

美国学者克沃尔认为，公开权之所以产生，且之所以在美国产生，

---

① Roberson v. Rochester Folding Box Co. , 171 N. Y. 538, 64 N. E. 442 (1902).

② 1903 年美国纽约州修改《民权法案》，第 50 条和 51 条明确授予法官根据未经允许使用他人姓名、肖像的具体案情，判处支付惩罚性赔偿金的权力。该等法条被公认为美国历史上第一部有关隐私权的成文法。

是因为在美国，民主的影响、美国梦、消费主义和资本主义相当发达，美国始终坚持保护名人，使其不受未经授权而利用其人格的损害。[①] 正如沃克尔所言，隐私权是社会经济高度发达、媒体高度大众化发展的产物，是个人的人格身份逐步社会化、市场化、商品化的结果。隐私权的发展、公开权的产生也证明了这一点。

在现代社会以前，人们囿于当时的道德水平，尤其是对于女性而言，把自己的姓名和肖像等人格曝光于社会大众的关注之下是一种耻辱。但是到了近现代社会，人们的思想观念已经发生了变化，不会认为自己的肖像或者姓名出现在广告或其他媒体中是侵犯了自己的隐私权，反而有很多人对自己没能被"炒作出名"感到很焦虑，由此可见隐私权的产生是一定社会道德环境的结果，隐私权的内容也与社会环境密切相关。

这就清楚地从理论上解释了为什么隐私权的概念逐渐不能保护人们日趋"外向"的人格利益。在公开权出现之前，美国法律界就对以隐私权保护知名人士的商业化人格利益感到困惑。早期隐私权的判例总是局限于侵犯隐私权和由此产生的后果上，认为未经许可而将他人的姓名或肖像广泛适用于广告上，等于将他人的姓名或肖像暴露在公众面前，伤害了他人的尊严，造成了他人的精神痛苦，法院判给原告的损害赔偿也是依据原告所遭受的精神痛苦的程度来确定的。

隐私权的一个基本概念即每个人都有"独处的权利"（right to be alone)，然而当被侵权人是知名人士的时候，或者说他人未经许可而商业性地使用了知名人士的姓名和肖像的时候，法官很难套用隐私权"独处的权利"，或者很难认定原告遭受了某种程度的精神痛苦。既然知名人士的姓名或肖像已经广泛出现在新闻媒体上，已经暴露在公众面前，那么再多一些未经许可的使用也不会对他们造成什么精神损害。在这种情况下，法官甚至会否认名人受到了损害。[②] 但是又不能说知名人士的人格

---

① Rosenthal Kwall, Fame, 73 Indiana L. J. 1, 15, 16 (1997).

② McCarthy on Trademark and Unfair Competition (Third Edition), Chapter 28. 01 (2) (b), 1995.

利益没有受到侵犯，那么是他们的什么权利受到了侵犯呢？根据英美法系的传统，美国学者提出了“公开权”（the right of publicity）这个概念。

1977 年美国最高法院关于“萨尼奇”一案的判决标志着公开权在全美国范围之内得到了认可。1995 年由美国法学会公布的《反不正当竞争法重述》[①]（第三版）也纳入了公开权的内容，以“盗取他人商业价值”将公开权予以规定。根据第 46 条的规定，为了商业性的目的，未经许可而使用他人的姓名、肖像或其他身份标记，属于盗取他人身份中的商业价值，应当承担禁令和损害赔偿的责任。第 47 条具体界定了何为商业目的，如果某人的姓名、肖像或其他身份标记被用来宣传使用者的商品或服务，或者被使用者置于商品上，或者被使用者用于服务中，都属于商业性的目的。第 48 和 49 条则分别规定了侵权者应当承担的禁令责任和损害赔偿责任。

总体上来讲，到目前为止，美国尚未形成全国范围内统一的公开权成文法，对于公开权的保护仍停留在州法的层面，而各州有关公开权的立法和执法情况又是千差万别、参差不齐。这种法制上的差异，既有各州传统文化背景的考虑，又有经济利益的驱使，并且后者越来越成为一个推动公开权发展不容忽视的因素。加利福尼亚州和纽约州的法律最具有代表性，这显然是因为这两个州是演艺界、文化界、体育界明星聚集的地方。加利福尼亚州自不必说，作为美国西部最繁华的州、造星基地好莱坞的所在地，甚至州长阿诺·施瓦辛格本人都是享誉全球的影星，因此其 1984 年出台强力维护公开权的法案也就不足为奇了。加利福尼亚州所属的联邦第九巡回上诉法院一向以开放、激进的判决而著称，所以加州一直以来拥有最多的公开权判例，形成了良好的延展公开权的普通法基础。相比之下，纽约州尽管也是明星荟萃的国际化都市，但作为欧洲移民在美洲大陆最早期的殖民地之一，其深受美国东部地区新英格兰

① American Law Society, Restatement (third) of Unfair Competition, sections 46, 47, 48, 49.

保守主义传统的影响，纽约州的立法者们一贯以较为审慎的态度来对待一切新生事物。因此，纽约州至今坚持以隐私权来保护公开权，且不承认公开权死后的存续也就不是不可理解的了。

在公开权的发展中我们可以看到一个有趣的现象：在一些地理区位和经济状况都不算出众的美国中部地区（如印第安纳州），尽管其自身的名人资源并不丰富，公开权法制化起步也晚，但近年来公开权（包括死者公开权）的成文立法活动却开展得如火如荼。最好的例子就是，联邦第六巡回上诉法院辖区内的几个州不仅制定了有关死者公开权的成文法，而且“慷慨”地赋予了死者公开权一个较长的存续期限——印第安纳州是死后 100 年，俄亥俄州是死后 60 年，肯塔基州是死后 50 年，田纳西州是死后 10 年（但如果死者公开权在其死后连续 2 年未停止使用，则该公开权可以永续存在）。

对于像印第安纳州这样深处美国腹地，亟需发展经济的中西部州来说，之所以急于制定公开权法——印第安纳州 1994 年公开权法案将该法的适用范围定为“发生在在印第安纳州内（与公开权相关的）行为或事件”——是为了通过提供强有力的公开权保护来吸引名人及其承继人将其公开权“出口”到本州，从而达到活跃经济、刺激税收增长的目的。

感受到来自几个邻州巨大的竞争压力，尤其当本州的名人纷纷开始借助其他州法律来寻求对其死者公开权的保护时，联邦第六巡回上诉法院辖区内唯一一个尚未制定公开权成文法的密歇根州，在本州利益受损和税源流失的威胁下，不得不加快公开权成文化的步伐。① 而密歇根州的民间专业团体组织如密歇根州文体交流协会（The State Bar of Michigan Arts，Communications，Entertainment，and Sports，简称“ACES”）在强烈呼吁该州公开权立法时，更毫不掩饰地直接打出经济竞争的大旗。因此印第安纳等州的立法行为甚至被一些人认为是有意将其管辖权的触角

---

① Jeffrey Richardson，“Michigan Needs A Statutory Right of Publicity”，86 MI Bar Jnl. 26（September，2007）.

伸出州界，攫取他州的公开权资源。

因此可以预见的是，在不久的将来，像印第安纳和密歇根州立法者一样，出于经济原因而考虑加强对公开权（包括死者公开权）的保护，将成为推动公开权成文化的一大主因。

第二节　公开权在英国

作为普通法国家，英国同美国一样，尽管学理上也有“人格”（persona）的讲法，英国法中却没有形成一个系统的人格权概念和体系，而是主要通过判例运用侵权法实现对具体人格利益的保护。英国法在侵权法领域，有关姓名、肖像、名誉等人格利益的保护分别依相应的诉因、提起特定的诉讼来进行，如防止对姓名盗用的仿冒之诉（passing off）[①]制度、对侵犯名誉权的诋毁之诉（defamation）制度等等。[②] 但和美国不一样的是，尽管利用名人身份营销已成为遍布英国经济生活的现实，英国法中却不存在控制自然人姓名和形象使用的独占性权利，也不承认和保护公开权——这个在美国已被接受多年的概念。即便如此，面对不断涌现的此类案列，英国法律也不可能置之不理，对于个人的身份及其商业价值的某些方面还是给予了一定保护，这主要付诸于传统的仿冒之诉和商标法。

一、仿冒之诉

仿冒之诉，即基于被告的不实陈述，导致公众混淆（confusion），从

---

① 仿冒之诉（passing off）就是权利人对以仿冒自己姓名、肖像、商号、商标等标识，侵害自己人格要素或者商誉的行为提起的侵权之诉。

② 如英国在1952年颁布的《毁损名誉法》（the Defamation Act）、1968年的《剧院法》（Theatre Act）、1998年的《个人资料保护条例》（Data Protection Act）等。

而损害原告商业信誉，而追究被告法律责任的诉讼，[①] 在英国一直是首选的保护身份利益的司法途径。但英国法庭长期以来将传统的仿冒之诉的主体限于处于共同活动领域内的原告和被告。[②] 相比之下，美国的仿冒之诉对商业化权利的保护则显得更加通融，其判断“混淆”可能性的标准可以基于赞助、关联等多重关系。英国法律在仿冒之诉上的突破性变化发生在2002年的Irvine诉Talksport有限公司一案中。[③]

艾迪·埃尔文（Eddie Irvine），一个在英国众所周知的一级方程式赛车的车手，起诉Talksport公司的广播电台未经他的同意，在其一份广告手册上使用他的形象。Talksport曾将该宣传材料分发给广告业内的一些人士和公司。这份手册上载有一张埃尔文手持标有Talksport名称收音机的图片。最后事实证明，这张图片是Talksport公司采用一张埃尔文持有手机的旧照片，通过图片叠加的方式，将标有Talksport名称的收音机覆盖住原有的手机而合成出来的。埃尔文认为，这等同于虚假代言（false endorsement），是一种形式的仿冒。

埃尔文案件的法庭认可了这样的司法事实，即“名人常常通过代言的方式来商业性使用他们的名字和形象”。休·莱蒂（Hugh Laddie）法官认为，如果原告证明以下两个相互关联的事实，就能没有妨碍地在虚假代言案件中成功提起仿冒之诉：首先，在被诉的行为进行时，原告拥有客观的名望或信誉。其次，被告的行为形成了一个虚假信息，使占其客源市场相当部分的有关方误以为其货物已获得原告的认可、推荐或代言。[④]

可以说，正是这个埃尔文（Irvine）案件使得英国法进入身份利益的

---

① Cavendish Publishing Limited，徐亮译：《最新不列颠法律袖珍读本·知识产权法》，武汉大学出版社2003年版。

② 英国的仿冒之诉起源于19世纪商业竞争者之间适用竞争对手的商号、商标等标识，以此诱导客户相信商品是竞争对手的，从而吸引顾客、获取不当利益。因此，传统的仿冒之诉要求侵权人和被侵权人均为商人。现在随着判例法的发展，仿冒之诉适用的主体范围已经扩大，自然人姓名、肖像等被他人擅自利用，也可按照仿冒之诉提起诉讼，请求保护。

③ Irvine v. Talksport Ltd.，［2003］35 F. S. R. 619，646（Ch. App.）.

④ Marshall Leaffer，The Right of Publicity，70 Alb. L. Rev. 1357（2007）.

商品化时代。然而我们还是注意到，即使在这个案件中，法庭还是没有承认埃尔文具有控制商业性利用其名字或图像的独占权利。在英国，仅仅“盗用”（misappropriation），是不能赢得仿冒之诉的。但本案中法庭认为，埃尔文的情况已经超越了盗用。就其名字和形象，埃尔文已经积累了可观的信誉，因而他本可以防止虚假暗讽的代言为由来获得保护。广播电台的宣传活动利用他的名人效应，虚假地暗示他代言他们的新产品，因此必须为该等谎言付出代价。该案件上诉维持原判，埃尔文由此获得了一笔“健康损害赔偿金”（healthy damage recovery）。赔偿金数额的计算是通过衡量什么构成一个合理的商业代言的收费而量化出来的，具体界定为“如果 Talksport 在正常合法的情况下获得埃尔文的代言而不得不支付的费用”。①

以上种种表明，不同于美国已接受了非常深远的保护该等人格利益的公开权，其他普通法世界的国家才刚刚开始受理此类保护。即使是在另一个商品经济高度发达的英国，时至今日，法院不仅没有引入公开权，而且也未能接受把未经授权的商业性使用他人人格的行为完全纳入仿冒之诉的做法（基于仿冒之诉认定条件的严格要求，如上述埃尔文案件中要求原告在被诉的行为进行时已拥有客观的信誉，且被告的行为已形成了足够引起相关市场误认的虚假信息，大量的美国公开权案件在英国都不可能获得仿冒之诉的同等保护）。

二、商标法的保护

将人格要素注册成商标，借助商标法来谋求对自己身份利益的保护，也是英国的名人常常使用的方法，但囿于商标法自身的限制，这种方法也不是每次都能奏效的。例如，英国的戴安娜基金会在王妃去世后，获得了以王妃签名为特征的“戴安娜”商标的所有权。后来有一家名为

---

① ［2002］1 W. L. R. 2355（Ch. D.）.

Franklin 的公司在英国制作并销售纪念已故王妃的玩具娃娃，戴安娜基金会的受托人遂以商标权利人的身体提起侵权之诉，但未能胜诉。法官指出，戴安娜作为已故的公众政治人物，其形象早已进入公共领域，基金会可以享有商标的权利，将商标用于法定的商品之上，但这个商标本身并不能阻止其他人利用戴安娜的身份形象。

在另一类似案件中，拥有以猫王埃尔维斯·普莱斯利（Elvis Presley）姓名注册的商标的 Elvis Presley 公司起诉他人未经许可销售纪念已故猫王大事记产品，亦被驳回。法官在判决中强调：商标只是一个指示来源的标记，仅可用来保护一定范围内相互竞争的类似产品不被消费者混淆。为了获得商标权的保护，商品和商标所有人之间必须建立联系。Elvis Presley 公司之所以败诉就是因为它与被控的侵权产品之间从未有过任何贸易关系，即它根本不生产这种商品，因而消费者根本就不可能误以为他们从被告那里购买到的商品是 Elvis Presley 公司生产的。在本案中，法官也否认了现行英国法中存在类似美国公开权那样基于人格身份利益的权利。①

通过以上两个案例我们看到，尽管在英国注册名人姓名、肖像为商标仍不失为一种保护个人人格利益的有效方式，但其保护的局限性也是暴露无遗：商标注册后，按照商标保护的原则，商标权利人往往还需从事具体商品的经营，并在营销中不断提高商标标识的可识别性，否则很难获得持久有力的保护。

三、小结

作为普通法系中最为重要的两个国家，英国和美国在公开权问题上的态度和做法是耐人寻味的。相对于美国，英国法律采取了截然不同的道路来实现对具体商业化人格利益的保护。对于英国的谨慎，一方面我

① 张今编译：《英国：姓名、形象的商品化和商品化权》，《中华商标》2008 年第 8 期。

们可以归咎于英国历来较为保守的历史文化特性，其“严格遵循先例”的普通法传统，决定了英国在支持人格身份商品化这个新事物的问题上，走得不可能像“有限遵循先例”的美国那么远，其打破原有制度（如不承认自然人具有自己姓名和形象使用的独占性控制权），更新法律的反应力也远不及美国这一类原属英国殖民地的非传统国家。这一点我们比照其他普通法国家对公开权的反应也能感受出来：例如原为英国殖民地的加拿大和澳大利亚，虽然公开权也没有正式进入两国的法律体系，但这两国却都已存在零星的直接借用美国公开权概念和经验的判例，[①] 而且两国的理论界对于公开权这种紧跟时代新事物的出现，也多报以一种积极的赞赏态度。

另一方面，由于公开权本身的不成熟性和不稳定性（即便在美国，公开权的理论也未获得完全一致的认可，因而联邦立法机构似乎也不急于统一全国的公开权立法，而各州的司法实务又遵循各自不同的标准，参差不齐），在目前阶段用公开权来保护名人的人格经济利益，几乎不太可能找到任何现成的具有广泛适用性的统一规范。公开权在欧洲其他国家的情况也充分体现了这一点：曾力倡“一体化”进程的欧洲世界至今仍未就该等权利形成任何统一的法令，而是由各国自行其事。例如，法国法律赋予了个人以较为强大的身份权利，而德国在此领域的法律保护则相对谨慎。[②] 或许正是出于对这种现状的顾虑，英国的立法者们宁可从传统制度（仿冒之诉、商标法等）的延伸中寻求解决现实案件的答案，也不愿意贸然引进一种看似全新的制度而承担相应的制度风险。从现在的情况看来，相比之下，在欧洲还没有任何一个国家能像英国那样，以更为简约（但不一定是最有效）的方法实现对身份利益的保护，这与美国也形成了鲜明的对照。

---

① 例如2007年2月澳大利亚联邦法院受理的体育明星 Leo Barry 诉 AFT 和 Tabcorp 两公司盗用其照片案，参阅 William Mulholland：Who controls a sporting star's image? in Lawyer Weekly on February 9，2007。

② Marshall Leaffer，The Right of Publicity，70 Alb. L. Rev. 1357（2007）.

第三节　大陆法系人格权商品化的趋势

大陆法系中没有与公开权相对应的独立概念，只是在人格权法中姓名、肖像等人格要素商业化的领域有所体现。大陆法系人格权的历史发展具有两个明显的特点：一是人格权的具体类型逐步增多；二是从重视自然人的物理性权利向精神性权利和经济性权利转变。

首先，具体人格权的类型逐步增多。人权理论的发展、法律意义上人格内涵的发展为人格权的发展提供了理论支持，人格权的具体内容今后必然会扩张，从人类文明社会最初的生命权、身体权、健康权，到罗马法时代的名誉权、身份权，再到现代社会普遍接受的姓名权、肖像权、名誉权、隐私权，随着社会的不断发展，如今又出现了已被人们意识到、但还未受到充分重视或在各国法律实践中还未被普遍承认的其他具体人格权，如声音权等。在某些国家，甚至宪法意义上的宗教信仰权、确定民族权、国籍权等也进入了人格权法的领域当中。

其次，经历了从重视自然人的物理性权利到重视精神性权利再到经济性权利的发展。在人类文明社会早期，人们关注的更多的是人格权的物理属性的保护，近现代社会以来人格权的精神属性的保护渐渐纳入其中，而人格权的经济属性的保护才刚刚起步。自然人的物理性人格权已经成为人权的基础、道德的底线，而经济性权利正不断被发现，人格权从绝对的非财产权向具有一定的经济属性、财产属性转化。普通法系提出了公开权的概念，大陆法系也将人格权的商品化提上了日程。

一、古典“人格权”——侧重于人格物理属性的保护

人格（personality）来源于拉丁语 persona（人格），“persona”原指戏剧中的假面具，以后引申为一个人在生命舞台上所扮演的各种行为，

或者指面具之后的真实自我。[①] 在罗马法中，persona 广义上指所有具有血肉之躯的自然人，狭义上则仅指自由人，即最起码拥有自由权的人。现代法律上的人格主要有三种含义:[②] 一是指具有独立的法律地位的个人和组织，标明它们在法律上的存在，也就是指民事权利主体本身；二是指作为权利和义务主体的能力，即拥有权利的能力和行使权利的能力；三是指一种应受法律保护的利益，是人格权的客体。我们在此讨论的人格指的是第三种，即自然人作为“人”应受法律保护的利益。

大陆法系的人格权（personality right，droits de la personalite）的法律概念始于近代。至于具体由哪位学者首先提出该概念，学者间存在不同看法。[③] 但是，人格权虽然是近现代法律才正式确立的法律概念，历史上法律对人格的保护，尤其是对各项具体人格权的保护，却有着长远的历史，与法律的产生发展同样经历了漫长的时间。而且更值得注意的是，不同的时期社会对于人格权的具体内容的认识是发展变化的。在早期，人们关注的更多的是人格权的物理属性的保护，近现代以来人格权的精神属性保护渐渐纳入其中，而人格权的经济属性的保护才刚刚起步。[④]

在远古社会中，虽然没有现代意义上书面法律的规定，但是社会习惯本身就是一种习惯法，由习惯法所保护的人格权，最主要包括身体、

① 王利明:《我国民法典重大疑难问题之研究》，法律出版社 2006 年版，转引自朱道俊:《人格心理学》，台湾商务印书馆 1976 年版，第 1 页。

② 王利明、杨立新等:《人格权法》，法律出版社 1997 年版，第 2 页。

③ 16 世纪的荷兰学者胡果（Hugo Donellus，1527 - 1591）认为是同时代的法学家海尔曼（Manfred Herrmann）是现代人格权理论的奠基人，但包括美国学者雷特尔（Eric H. Reiter）在内的大多数学者认为胡果是人格权概念的创始人。

④ 在古代尤其是古罗马，还有身份权的概念，如家父权。有学者认为，在人格身份权的发展过程中，人格权也是此消彼长，愈追溯历史，就会发现身份权的地位愈重要，其类型也愈多。沿着社会发展的轨迹看，就会发现其趋势是人格权的地位逐渐上升，身份权则逐渐式微，尤其是到了现代，“二战以来，身份权已趋于消亡”。笔者认为不能从人格权与身份权此消彼长的角度来看待，因为无论是古代的人格权还是身份权，都与现代意义上的概念完全不同。其实在古罗马，自由权、名誉权等我们现在认为是人格权的概念和家父权等都属于身份权的范围。在罗马社会中，自由权、名誉权等概念首先不是人权，而是一种资格，是在社会中成为一个能够享有权利的人的通行证。从这个意义上讲，当时的自由、名誉等事实上是身份权，而不是人格权。身份权是社会阶层划分的体现，而人格权才是社会等级日渐消散的结果。

健康和生命权，侧重于对人格的物理属性的保护，精神属性的保护较少。任何对生命、健康和身体的侵犯行为，都会引起由受害人及其血亲对加害人实施的同态血亲复仇，即“以血还血，以牙还牙”。远古社会的复仇习惯分为两种，一种是对外的血族复仇，是基于“血亲连带责任”观念产生的保护方法。被害人的血族对加害人的血族，采用集体方式进行报复血斗。如古希腊习惯法规定，氏族内部成员在受到人身侵害时，其他氏族成员负有提供帮助、保护和支援的义务；而在北美易洛魁人的习惯法中，如果一个氏族成员被外族人杀害了，被害人的氏族就指定一个或几个复仇者去寻找凶手进行报复。另一种是氏族内部的复仇，一般采用宗教方式，但具体的方式仍属于睚眦必报的类型。

随着社会进步和文明发展，社会分化和等级制度出现了，随之而来的就是人格权的具体范围有所扩大，对人格权的法律保护产生了某些变化，不仅有人格的物理属性的保护，也开始出现对人格的精神属性的保护，并且保护方式逐渐走向用“金钱”① 赔偿代替同态复仇。

在早期成文法时代，对于人格的物理性保护规定，受害人及其血亲有权进行选择，或者放弃复仇的权利选择接受赔偿，或者坚持复仇，但选择金钱赔偿逐渐成为一种常态。赔偿的数额由双方当事人商定，严格地说，这种赔偿并不是真正为了填补受害人的损失，因为事实上对人格权的侵害是无法用金钱赔偿来衡量的，而是对受害人及其血亲放弃复仇权利所给予的补偿。《十二铜表法》第 8 表第 2 条规定：“毁伤他人肢体而不能和解的，他人亦得依同态复仇而毁伤其肢体。”《汉穆拉比法典》第 206 条规定：“倘自由民在争执中殴打自由民而使之受伤，则此自由民应发誓云：‘吾非故意致之，并赔偿医药费。’”第 196 条规定：“倘自由民毁损任何自由民之子眼，则应毁其眼。”这都表明和解赔偿已经成为一种选择，但同态复仇仍然是常见的人格权法定保护方式。因为出现了

---

① 这里的金钱，不是指现代意义上的货币，而是在当时社会状态下相当于金钱的任何物品，例如马匹、牲畜，但这个趋势最终演变到黄金、白银等贵金属。

社会分化和地位差异，人格权才开始出现名誉权、自由权、姓名权等精神性人格权。《汉穆拉比法典》第1条、第2条，《摩奴法典》第8章第127条、第269条、第274条，都是对已经出现的名誉权的规定。

到了罗马帝国时代（包括东罗马时代），人格权第一次得到了较为全面、详尽的发展，这在罗马法中有着具体体现。在人格的物理属性保护方面，罗马最高裁判官法规定，对人身、健康、生命的侵害一律实行强制性的金钱赔偿，赔偿数额由法规依据被害人的身份、地位、伤害的部位以及侵权行为发生的场所来计算。《查士丁尼法典》更是直接规定对人私犯（即侵害人格权的行为）产生侵权之债。在精神性人格权方面，罗马法中最重要的是自由权。在罗马社会中，并不是所有的自然人都被视为"人"，这种权利是自然人获得法律人格的最基本的条件，享有自由权，无论是具有完全的法律人格还是有限制的人格，都能被称之为人，而丧失自由权，即丧失做人的资格，沦为他人财产的一部分。在罗马法中另一个重要的精神性人格权则是名誉权，只有名誉健全的、享有各种公权和私权的人，才算有名誉。

罗马法时期的立法开创了对精神性人格权保护的时代，确认了自由权、名誉权等具体精神性人格权，并采用债的方式作为侵害人格权的法律救济方式，奠定了现代精神损害赔偿的基础。但需要注意的是，罗马社会对人格的概念与现代社会是有很大差异的。在罗马社会中，自然人本身不一定能成为人，更有可能是他人的一种财产，人格权实际上是一种资格权，因此这种精神性人格权是可以用金钱进行买卖、交换的，这种精神人格权并不是现代意义上的与人身依附、人身归属无关的、独立的人格权。

很多人都认为欧洲中世纪是教会统治的黑暗社会，认为当时人们处在封建神权和封建特权的双重统治之下，没有人格尊严，没有人格，罗马法也受宗教神学的支配，罗马法及早期奴隶社会时期人格权法律保护制度被取消，人们完全丧失了人格权，更没有精神意义上的人格权。不可否认，中世纪的宗教神学覆盖了当时社会的大多数领域，更不用说法律，但同样不可否认的一个事实是，宗教法所规定的教众人人平等的教义是对人格定义的一次巨大突破，是现代人格法得以发展的前提基础。我们可以看到，无论是在早期奴隶社会还是罗马法中，尤其是在罗马法中，社会是分成很多层次的，不同层次的自然人享有不同的权利，不是所有的自然人都享有人格权，作为社会底层的绝大多数自然人都属于奴隶主或者领主的财产。在很多人人身都是属于他人财产的情况下，对于精神性人格权的保护就更是一种奢望。基督教是使普通人得到均等机会的第一个实实在在的宗教和理论学说。教会法在一定程度上解除了中世纪封建法及其以前世俗法对人的人身依附的规定，从而使得现代人格法的发展成为可能。①

二、现代人格权——向保护精神利益和经济利益的转变

文艺复兴和宗教改革运动彻底将宗教对世俗社会的控制推翻，随之而来的是法律摆脱了神法的控制，从此世俗法走上了独立的、全新的道路，法律开始注重对自然人的平等、自由的保护，禁止自然人个人身体成为他人权利的对象，强调对自然人生命、健康、自由意志的保护，现代意义上的人格权也从此时才开始发展起来。

现代人格权法是随着罗马法的"复兴"② 而发展起来的，不仅确认了古典人格权对人身、健康、生命等物理性人格要素的保护，而且产生了对自由权、名誉权、姓名权等精神性人格权的全新解释。对于人格权的法律保护，不仅注重赔偿物质上的损失，而且侵权行为给受害人所造成的精神损失赔偿也开始逐渐纳入法律的规定。现代人格权在近现代民法中的发展大体经历了三个阶段。

第一阶段是民法虽未明确规定人格权，但已经开始体现了对人格精

---

① 赵万一：《民法的伦理分析》，法律出版社 2003 年版，第 151 页。

② 这种复兴与其说是古罗马法的发掘，不如说是新法律体系的全新建立。

神利益的保护。16世纪的撒克逊法即确认自由权的受侵害人除了可以请求赔偿恢复自由的费用和所丧失的利益外，还可就精神痛苦请求赔偿。对于名誉权的保护，受宗教法的影响，近代早期以名誉为非卖品为理由，不认为名誉权受损害可以请求赔偿。德国的日耳曼普通法承认名誉受害人可以请求损害赔偿，是为抚慰金请求之诉，但仅限在名誉权受到有形损害时，而只受到精神侵害时，则没有请求抚慰金的权利。[①] 1804年的《法国民法典》也没有明确确认和保护人格权的规定，但是设置了关于一般利益的制度，包括国籍、身份登记、住所、家庭、无能力等，只是作为法律人格来保护平等、自由的人。直到19世纪中叶，根据人权的发展，法国的法官才以判例扩张解释了《法国民法典》第1382条，创立了保护人格权的判例，确认自由权的被侵害人与其他权益的被侵害人相同，都可以请求抚慰金，同时承认名誉权损害的有形损害赔偿和精神侵害的抚慰金赔偿。

第二阶段是承认公民的某些人格利益，并开始规定具体人格权。《德国民法典》的颁布实施，是现代法上人格权法的完备立法，尤其是在精神性人格权方面。例如关于姓名权，《德国民法典》第12条规定："有权使用某一姓名的人，因他人争夺该姓名的使用权，或因无权使用同一姓名的人使用此姓名，致其利益受损害，得请求消除对此的侵害。"第823条规定："因故意或过失不法侵害他人的生命、身体、健康、自由、所有权或者其他权利者，对被害人负损害赔偿的义务。"第847条第2款还规定了对妇女性自主权的保护："对妇女犯有违反不道德的罪行或不法行为，或以诈欺、威胁或滥用从属关系，诱使妇女允诺婚姻以外的同居者，该妇女享有与前项相同的请求权。"在救济方式上，第847条第1款规定："不法侵害他人的身体或健康，或剥夺他人自由者，被害人所受侵害虽非财产上的损失，亦得因受损害，请求赔偿相当的金额。"可见，《德国民法典》已规定了姓名权、自由权、性自主权等人格权，但

① 龙显铭：《私法上人格权之保护》，中华书局1948年版，第75页。

并没有规定出名誉权、隐私权等人格权。

第三阶段是明确并较全面地规定了公民的人格权。1907 年《瑞士民法典》的颁布实施，标志着现代人格权立法进入了比较完善的程度，首先《瑞士民法典》第一次在法律制度中专门设立了关于人格的一般规定和人格的保护一章，其次创设了保护人格的一般条款。该法第 28 条规定“任何人在其人格受到不法侵害时，可请求排除侵害”，并且通过《瑞士债务法》确定了人格权保护的一般原则，将其设定为一种侵权之债。此后《日本民法典》《奥地利民法》《希腊民法》《匈牙利民法》均受其影响，建立了完善的人格权制度，对一些人格权做了更为详细的规定，确定了对精神性人格权的赔偿，如《日本民法典》第 711 条规定：“害他人生命者，对于受害人的父母、配偶及子女，虽未害及其财产权，亦应赔偿损失。”

二战以后，人权运动直接引发了人们对人格权日益强烈的关注，人格权立法越来越受到重视，人格权或作为一章出现在民法典中，或在总则或债编中出现保护人格权的专门规定。同时人格权的权利内容愈来愈广泛，出现隐私权、贞操权等权利，并且各项具体人格利益的保护也越来越深入、全面。《匈牙利民法典》专门设立一章共计 10 条规定人格权制度，极力扩大人格权范围，包括生命、身体、健康、肖像、名誉、姓名、自由、个人生活秘密及通信秘密和营业秘密。德国通过判例扩大立法解释，1954 年根据新宪法确认人身的一般权利属于受民法第 823 条第 1 款保护的绝对权利，依法保护了名誉权、隐私权、肖像权等具体人格权以及一般人格权，弥补了《德国民法典》的不足。

但是，现代大陆法系的民法理论仍然坚持自然人的物理性人格要素不得进行商品化利用的原则。例如《法国民法典》经过 1970 年和 1994 年两次修正后，仍然坚持“人体、人体各组成部分及人体所生之物，不得作为财产权利之标的”（第 16—1 条第三款），“任何赋予人体、人体各部分以及人体所生之物以财产性价值的协议，均无效”（第 16—5 条），“为他人之利益生育或怀孕的任何协定，均无效”（第 16—7 条），显示出法国民法典仍然强烈维护人格尊严的核心理论，但也反映出对人格权商品化的强烈反对态度。

三、大陆法系人格权商品化的发展

在大陆法系国家，第二次世界大战以后，随着社会道德的变迁，随着人格权观念的发展以及对人格权保护的加强，德国司法实务和民法理论越来越重视人格权的商品化问题，利用自己的人格特点在市场中获利的行为不再被认为是不道德的。在著名的“Paul Dahlke”一案中，德国联邦最高法院认为，在广告中使用名人的肖像，在很多情况下只有通过巨额费用才能够获取对方的同意，从而在法律上承认了人格权商品化的行为。德国联邦最高法院在此案中将肖像权归入“具有财产价值的排除权”，这一观点此后也适用到了姓名权和一般人格权。①

商品化人格权或者人格权的商品化，即指使用自然人的姓名、肖像、声音等具有特别性的人格身份标识，来增强和促进特定商品或服务的销售，从而使自然人的人格身份标识发挥其经济价值，该自然人因此获得相应的报酬等经济利益。1995 年国际工业产权保护联合会（International Association for the Protection of Industrial Property，简称 AIPPI）在蒙特利尔大会上提出商品化的概念，其中就包括了人格权的商品化：“商品化通常被描述为使用一些有特别性的因素来增强和促进对产品或服务的销售。”国际工业产权保护联合会的商品化包括四项内容：人物商品化（character merchandising）、人格商品化（personality merchandising）、事件商品化（event merchandising）和品牌商品化（brand merchandising）。②

但是在德国，关于人格权的商品化采取何种模式曾经在学术界有过

① 参见 1999 年德国联邦最高法院关于“Marlene Dietrich”一案（BGHZ，214，219），转引自王利明：《人格权法研究》，中国人民大学出版社 2005 年版，第 278 页。

② 参见 Heijo E. Ruijsenaars，Legal Aspects of Merchandising：The AIPPI Resolution，［1996］6，EIPR。

争论。一部分学者主张采用美国的隐私权和公开权的二分法模式，将人格权分为隐私权和公开权两部分，引入公开权的概念。大部分学者则主张以德国传统的著作权法为样本，采用统一的权利模式，根据这一模式，人格权作为一个统一的权利，包含两个部分：一部分保护人格的精神利益，另一部分保护人格的财产利益，二者统一构成人格权，财产部分的保护期限取决于精神利益的保护期限。“二分法模式”与“统一的权利模式”的关键区别点在于，是否承认独立的、可任意转让的财产性的人格权。在德国，人格权通行的理论为“统一的权利模式”，因为独立的、可任意转让的财产性的人格权违反了德国基本法第一条第一款关于人的尊严的规定，从人格权的专属性出发，无法将一个人的人格权毫无保留地移转给另外一个人。采用“统一的权利模式”理论，人格权的部分财产权仍然包括在人格权中，无法完全脱离人格权而单独存在，无法自由转让。[①]

根据精神利益和财产利益的划分法，德国的判例和学说一般认为，侵权人损害权利人的财产利益部分时，权利人可以主张归还侵权不当得利、支付未授权而使用人格特征的合同价金，以及在故意管理他人事物时归还所得利益等救济手段。损害人格权精神利益部分，权利人可主张精神损害赔偿。在侵害死者人格权的精神利益部分时，只有其亲属享有撤销权和不作为请求权，而在侵害死者人格权的财产利益部分时，只有继承人能够主张相应的救济手段。

采用统一的权利模式，就必须要区分保护人格权中的精神利益和财产利益。侵犯他人的人格权就有可能没有侵害人格尊严（精神利益），而只侵犯了财产利益。相对于权利人主动将自己的人格权商品化，德国学者将这种侵权称为“被动的人格权商品化”。[②] 在德国最高法院的实际判例中，对于这种侵权的损害赔偿又依据被侵权人是否愿意将其人格权

① 王利明：《人格权法研究》，中国人民大学出版社 2005 年版，第 278—279 页。

② 王利明：《人格权法研究》，中国人民大学出版社 2005 年版，第 280 页。

商品化分成两种情况：一、如果被侵权人愿意将其人格权商品化，被侵权人可主张损害赔偿或返还侵权不当得利，损害赔偿数额以权利人同意将其人格权市场化下的合同价金为参考标准。二、如果被侵权人主观上不愿意将其人格权商品化，被侵权人除了可以要求停止侵害、要求精神损害赔偿外，在特殊情况下可适用《德国民法典》第687条、681条、667条所规定的、以自己的名义不法管理他人事物所产生的权利人要求侵权人归还其所得利益的请求权。①

这种依据被侵权人是否愿意将自己的人格权商品化来进行损害赔偿的做法产生了一种逻辑上的自相矛盾，而且对被侵权人很不利。如果被侵权人同意自己的人格权商品化自不必说，在被侵权人不同意的情况下，被侵权人实质上就没有遭受财产损失，因为其本人并没有将其人格权商品化的主观意愿，而侵权人也没有法律依据就获得了经济利益。

---

① 参见BGHZ（德国联邦最高法院民事案例集），第143卷，214页，"Marlene Dietrich"一案。转引自王利明：《人格权法研究》，中国人民大学出版社2005年版，第280页。

第二章／公开权的性质／

公开权自诞生之日起，关于其性质的争议就从未停息过。公开权对外表现出来的是由人格身份转化而成的经济利益，对内则存在着与人格身份天然的不可分割的联系。那么该如何给它定性呢？是按照英美学者的建议将其归属为普通法系下的财产权或知识产权，还是按照大陆法系学者（包括我国学者在内）的见解，为其在大陆法的体系下定位为人格权、财产权或知识产权甚至新创一个商事人格权？这一直是个无法回避的难点。

第一节　公开权性质的几种观点探讨

在美国，主流的观点是将公开权当作财产权来对待。关于公开权的性质，我国有学者认为，公开权本身属于财产权，而不属于人身权。作为财产权，公开权与物权、知识产权一样，可以继承、转让。[①] 也有学者认为，公开权的性质是一种知识产权，因为它是无形和非物质性的权利，应通过反不正当竞争法予以保护。

笔者认为，公开权事实上是人格权的经济价值的体现，是人格权的商品化，是现代社会人格权发展的产物，不是一项独立的权利，

---

① 董炳和：《论公开权》，《法律科学》1998 年第 4 期。

更不是一项新的权利。公开权是自然人将其姓名、肖像、声音以及其他可以识别个人身份的人格要素进行商业化利用的权利。公开权并不是现在才有的，而是一直就存在于人类社会并与市场的发展、社会的发展、道德的宽容、特别是大众媒体的发展有重要的关系。大众传媒的发达程度是公开权价值大小的决定因素，社会越发达，道德越宽容，传媒越发达，自然人的人格权价值就越高，公开权的价值就越大。

与公开权制度类似，要解释清楚大陆法系的人格权是如何实现商业化的问题，就必须从人格权的历史发展、现代人格权概念的形成等角度入手，探讨人格权的内在经济价值属性，并了解在近现代是什么样的社会机制促成了人格权的商品化成为一种普世现象，这里包含了哪些偶然和必然的因素。

关于公开权的性质，在我国有人格权说、商事人格权说、财产权说、知识产权说等几种说法。

一、财产权说

认为公开权是财产权的观点产生于美国，因此也是最主要的观点，并对其他国家产生了很大影响。在美国，一些学者认为，公开权是一种独立的财产权，以保护自然人的姓名、肖像、声音等人格要素的商业价值，并允许继承和转让。[①] 美国最高法院将公开权解释为一种“具有个别性质的‘占有’”，保护“个人从自身努力中获取回报的权利”。[②] 1995 年《反不正当竞争法》（第三版）第 46 条（对他人人格标志的商业价值的不当占有：公开权）规定：“未经允许以商业目的使用他人的

① Julius C. S. Pinckaers, From Privacy toward a New Intellectual Property Right in Personal, Kluwer Law International, 1996, p. 14.

② Zacchini v. Scripps - Howard Broadcasting Co., 433 US 562, 572 - 573 and 576 - 577 (1977).

姓名、肖像或其他人格要素而不当占有他人人格要素的商业价值的人，负有本法第48、49条规定的返还不当占有的责任。”在英国、英联邦国家和加拿大，公开权已经被界定为财产所有权。在日本，尽管公开权在影响上与保护自然人的肖像权和姓名权相类似，但是该权利被认为是一种独立的财产权利而不是精神权利。[①]

二、人格权说

这种理论认为，公开权起源于隐私权，而隐私权是保护人格利益的，是一种人格权，因此公开权也是一种人格权，只是对传统人格权的发展，应为一种新型的人格权。在美国，因为公开权是从隐私权的概念中衍生出来的，许多学者认为，公开权就是将隐私公开从而商品化使用的权利。[②] 有人认为，公开权不过是确认了每个人人格中固有的特征，一些法院不愿意承认姓名、肖像等人格利益具有财产因素，因而创造了公开权概念予以保护。实际上，所谓公开权可以包括在隐私权之中，不管是侵害财产还是造成精神损害，都可以认为是对隐私的侵害。[③] 在有些大陆法系国家，因为公开权是对人格身份标志的利用进行控制的权利，因此有观点将公开权认为是一种具有财产价值的人格权。在意大利，公开权被法学家们界定为对人格权中肖像权或姓名权的侵犯。[④] 日本学者认为，“人格权不仅保护精神利益，也保护经济利益，商业公开权是人格权的一部分”。[⑤]

---

① 王利明：《人格权法研究》，中国人民大学出版社2005年版，第268页。

② David Collins，Age of the Living Dead：Personality Rights of Deceased Celebrities，39 Alberta L. Rev. 924.

③ Paul L. Murphy edited，The Bill of Rights and American Legal History，A Garland Series，Garland Publishing Inc.，1990，p. 156.

④ 王利明：《人格权法研究》，中国人民大学出版社2005年版，第266—267页。

⑤ ［日］荻原有里：《日本法律对商业公开权的保护》，《知识产权》2003年第5期。

三、商事人格权说

因为有的大陆法系国家实行民商分立，因此在理论上产生了所谓民法上的人格权和商法上的人格权的概念。所谓的商事人格权，就是能够进行商业利用、已经商业化的人格权，是指公民、法人为维护其人格中兼具经济利益在内的、具有商业价值的特定人格利益——商事人格利益而享有的一种民（商）事权利。其反映的是自然人和法人在现代市场经济活动中其人格因素商品化、利益多元化的社会现实，体现了人格权在商品社会中的发展变化，是人格权的商事化。① 有些学者，包括我国一些学者认为公开权是一种商事人格权。有学者提出，公开权不是普通的人格权，而应当纳入特殊的商事人格权的范畴，商事人格权包括法人的商誉、商号、商业秘密、商事信用等。这些特殊的商事人格权还具有一定的可转让性。对商事人格权的保护能够使用相应的财产权的救济方法，以维护人格权在商业利用中所产生的经济利益。②

四、知识产权说

在美国，也有学者主张将姓名权、肖像权以及公开权发展成为一种"具有人格特征的新型的知识产权"。③ 美国学者麦卡锡认为，特别是声音、虚构角色等，与作者的智力创作活动是联系在一起的，公开权也是无形的财产权，因此可以将公开权纳入知识产权领域。④ 而在英国，公

① 程合红：《商事人格权——人格权的商业利用和保护》，《政法论坛》2000 年第 5 期。

② 程合红：《商事人格权——人格权的商业利用与保护》，《政法论坛》2000 年第 5 期。

③ Julius C. S. Pinckaers, From Privacy toward a New Intellectual Property Right in Personal, Kluwer Law International, 1996, p. 425.

④ Thomas McCarthy, The Right of Publicity and Privacy, at 5 (B) (4), 1995.

开权问题是通过普通法传统的仿冒之诉来解决的。[①] 在世界知识产权组织看来，个人形象的商业价值应当获得保护，至少应当作为一种可以被混淆和被淡化的权利，受到反不正当竞争法的保护。

笔者认为，首先，公开权不能划归到大陆法系意义上的财产权内。尽管很多学者依据美国的做法，提出公开权、商品化权或者公开权的概念，将其列入我国民法中的概念，认为我国也应该增加公开权为财产权的内容，但也有学者提出，商品化权分为真实人物商品化权、虚构角色商品化权、特定标记、符号、作品标题、片段等的商品化权以及其他商品化因素的商品化权，商品化权就是将能够吸引大众、引导大众消费的诸如上述分类的商品化因素用于商业利用并从中获利的权利。[②] 商品化权是指民事主体（包括自然人、法人和其他组织）对其具有一定声誉或吸引力的人格要素利益进行商品化利用并享有利益的权利。[③]然而必须注意的是，财产一词在英美法系和大陆法系是有很大区别的。美国宪法的主要起草者詹姆斯·麦迪逊说过，“（财产）的更宽泛、也更恰当的含义应当包括一个人认为有价值的、有权享有的一切东西；且自己可支配的全部收益。”英美法系的财产一词通常有以下几个用法：1. 表示一个人所拥有的全部法定权利，包括一个人的生命、自由及全部所有物；2. 指一个人所享有的不包括人权在内的全部有物质内容的权利；3. 指债权以外的其他物质权利；4. 仅指对有形物的权利。[④] 这种意义上的财产概念，既包括个人的土地、商品或货币，也包括人们的“信持自己的意见并与人交流”的权利（property），尤其是人们“坚持自己的宗教信念并按其规定表白和践履”的权利。[⑤]

---

① Michael Henry，International Privacy，Publicity and Personality Laws，London，Butterworth，2001，p. 88.

② 李诗鸿：《论商品化权》，《江淮论坛》2005 年第 6 期。

③ 杨立新、林旭霞：《论人格标识商品化权及其民法保护》，《福建师范大学学报》2006 年第 1 期。

④ 赵万一：《民法的伦理分析》，法律出版社 2003 年版，第 214—215 页。

⑤ Madison，J.（［1792］1906）Property. In G. Hunt（ed.）The Writings of James Madison. Vol. 6：1790 - 1802，101 - 3. New York：G. P. Putnam’s Sons，The Nickerbocker Press.

因此在英美法系，财产可以被分为五类：[1] 一是土地；二是货物(goods)；三是无体动产，包括债务和其他诉体财产（choses in action）、商业证券、作为财产的合同、商誉（goodwill）、工业及知识产权（包括经注册的设计、商标、商号及版权）、债权和股票；四是货币；五是基金。而英美法系对财产权的定义则更为广泛。《牛津大辞典》如此表述："财产权是指存在于任何客体之中或之上的完全权利，它包括占有权、使用权、出借权、转让权、用尽权、消费权和其他与财产有关的权利。"英美法中的财产权具有相对性和具体性的特点，对于"对人权和对物权，物权和债权均未予以充分重视，因而也未基于上述划分在理论上和立法上形成一个明确的构造模式"。[2]

其中的第三类无体动产即大陆法系中的无形财产，但比后者范围明显扩大，内容明显增多。同时英美法系中的无形财产有两个很重要的特点：一是认为无形财产的存在只有通过诉讼才能体现出来，其财产利益也只有通过诉讼才能为权利人所享有，因此将无形财产通常称为诉体物、诉讼中的动产，非常形象地说明了无形财产的存在形态和权利人对其占有、使用的方式等特点；二是将无形财产当作"物"，只不过是抽象物，之所以将这些权利和利益当作物来看待，是因为他们具有价值，人们愿意购买，作为交易对象的任何有价值的资产均可以被当作物。[3]

公开权也不属于知识产权的范围。知识产权保护的客体是智力成果和工商业标志，而人格权的商品化，并不是基于独创性的劳动，而是自然人先天具备的人格特质，后天的行为只是增加了其经济价值的含量，因此不属于知识产权的范畴。对人格权的经济价值的侵害，只是对特定自然人人格权的侵害，而不是发生在市场竞争者之间，不涉及市场竞争秩序的问题，因此也不属于反不正当竞争法的调整范围。

---

① ［英］F. H. 劳森、B. 拉登著，施天涛等译：《财产法》（第二版），中国大百科全书出版社 1998 年版，第 20—37 页。

② 梅夏英：《财产权构造的基础分析》，人民法院出版社 2002 年版。

③ ［英］F. H. 劳森、B. 拉登著，施天涛等译：《财产法》（第二版），中国大百科全书出版社 1998 年版，第 15—16 页。

第二节　公开权具有一定的双重属性

在美国，主流的意见是将公开权划归财产权的范畴。在美国的法官看来，公开权是为了保护名人身份中的商业性利益而产生的。这种权利的理论依据是，名人的身份在促销产品方面是有价值的，名人享有的权益应当得到保护，名人可以制止他人未经许可而商业性地利用其身份。①

但是，尽管在美国公开权属于财产权的范畴，普通法系的法律体系划分与大陆法系却是不一样的，其财产权范畴与大陆法系的也不尽相同。

在大陆法系传统的民法理论中，根据权利的内容和性质，民事权利可分为财产权、人身权和综合性的权利，这是大陆法系民事权利最基本的分类。财产权以财产利益为内容，人身权不是直接以财产利益为内容，而是以人身利益为内容，综合性的权利则既包含了财产利益又包括了人身利益。

财产权是指以财产利益为直接内容的权利，财产权的主体限于现实的享有或可以取得财产的人，而不像人格权一样可以为一切人普遍享有。财产权利主要包括两大类，即债权和物权。所谓物权，是指直接对物加以支配并对抗第三人的权利。所谓债权，是指特定的债权人一方有权请求作为特定的债务人的另一方为一定行为或者不为一定行为的权利。

人身权是指以人身所体现的利益为内容的，与权利人的人身不可分的民事权利，包括人格权和身份权。人格权是指以人格利益，如生命、健康、名誉等为内容的并排斥他人侵害的权利，主要包括健康权、姓名权、肖像权、名誉权、隐私权、贞操权等。身份权是指基于权利人的特定身份产生的权利，包括亲属权、抚养权等。传统民法理论认为，人身权的主要特点在于，其内容主要体现为人格和身份等精神利益。

---

① Carson v. Here's Johnny Portable Toilets, Inc., 218 USPQ 1 (6th Cir. 1983).

综合性的权利，是指由财产权和人身权结合所产生的一类权利。民事权利的基本类型为两大类，但是在这两种权利发生综合的基础上产生了一些新的权利，即综合性权利。这些权利的特定表现是，其内容既包括人身利益又包括财产利益，其专属性并非十分强烈，很多可以转让。典型的综合性权利包括知识产权、社员权、继承权。[①]

然而，在普通法系中并没有大陆法系人格权的概念。英国普通法很早的时候就对泄露他人隐私、妨害名誉等行为而造成的损害予以补偿，但主要是通过侵犯财产权、违反信托或默示契约等单项法律来进行保护的，并且分为多个层次：第一层次为自然人的物理性人格利益，它以权利主体的人身为核心，主要包括人的生命、健康和身体部分的安全利益；第二层次为社会形态的人格利益，它是公民与他人或社会发生联系的需求，具体包括标识需求（姓名、名称、肖像）、评价需求（名誉、荣誉）、感情需求（相安、相属、相爱）以及发展条件需求（机会平等）；第三层次为心理形态人格利益，它以人的精神活动为核心，包括情绪的安定、思维的有规律性、意志决定和表达自由等。[②]

公开权一个最基本的特征就是与自然人的人格身份具有天然的、不可割舍的联系，是附着于人格身份的内在固有利益的外在表现。不过因为公开权的发源地美国并不存在人格权的概念，所以公开权就只得以一种看似是新设的独立权利的方式现于世人。事实上，公开权既不“新”（是人格身份固有利益的体现），也很难说是一种绝对独立的财产权利（与人格身份不可割舍，且无法像纯粹的财产权那样具有完全的可处置性）。

而在大陆法国家的法律体系中，本已存在相对完善的人格权法与人格权体系，与公开权相对应的是某些人格权，特别是名人的人格权的经济属性，或者说这些人格权的一个侧面、权能等。

---

① 王利明：《民法总则研究》，中国人民大学出版社 2003 年版，第 207—209 页。

② 申政武：《论人格权及人格损害的赔偿》，《中国社会科学》1990 年第 2 期。

综上所述，我们很难径直把公开权定义为一种绝对的财产性权利或是人身性权利。也许一种较为准确和恰当的提法是：公开权具有一定的双重属性——主要体现人格要素的经济价值，但又与人格身份本身不可分离。

第三节 人格要素具有经济价值是公开权形成的内在基础

马克思主义认为，“价值”首先是一个标识“关系”的概念范畴，它反映的是人作为关系主体与关系客体外界物（自然、社会）的关系，揭示的是人的实践活动的动机和目的。首先，人的一切实践活动无不是为了把客观存在的对象改造成为满足人类自身需要的事物，人与外界物之间的这种需要与满足的对应关系，就是价值关系。其次，“价值”是一个标识“意义”的概念范畴，用以表示事物对主体具有意义、可以满足主体需要的功能和属性。从原始意义上讲，价值就是客体满足主体需要的积极意义或客体的有用性。因此，在人类的实践活动中，凡是对人有用、有利、有益的事物，就是有价值的。①

一、人格要素的经济价值理论分析

大陆法系传统人格权与财产权之分是按照其客体的不同为标准的，权利的客体为财产的，无论是有形财产还是无形财产，权利均为财产权；客体为人格的，则为人格权。这种分类方式来源于罗马法。罗马法中有对人权和对物权之分，对人权的客体是人，对物权的客体是物。罗马法复兴以后，大陆法学者从对物权中发展出财产权和物权，对人权中又细分为由权利主体自身所产生的权利（即人格权）和及于他人之权利两

① 郭晓红：《公开权若干法律问题研究》，中国人民大学2007年博士学位论文。

种。及于他人之权利，又分为亲属法上的身份权和以他人行为为标的的债权。在这种以客体为标准的权利分类中，并非仅仅以财产为客体的权利具有经济利益，如债权虽然不是以财产为客体，但却不能否认其所具有的经济利益。可见，权利是否具有经济利益，不仅仅以权利的客体是否为财产为标准，还应结合权利运用中的因素及其实现的途径。债权是一种请求力，通过请求他人为一定的行为，来满足权利人的经济利益；人格权的力是一种支配力，权利人通过对其人格因素如姓名、肖像等的支配，授权他人商业性使用，就可以发挥出经济利益。因此，自然人的人格权虽然不以传统的有形财产或无形财产为客体，但也并非因此就不能具有经济利益。

从理论上来分析，人格身份的价值即来源于人的价值。那么人格身份的经济价值从何而来呢？参照公开权的理论来看，关于人格身份的经济价值，现在主要有劳动价值说、自由意志论、激发潜能说和防止不当得利说。

1. **劳动价值保护说**

该理论认为，自然人的人格身份之所以具有经济价值，是因为其劳动获得的成果。

1954 年，尼莫教授提出，名人的各种人格利益是其劳动成果的体现，因此应当受到保护。名人的姓名、肖像等是其投入相当的时间、努力、技术甚至相当的金钱才获得的，根据美国法理上的基本原则，“每个人都有权享受其劳动成果，除非有相反的公共政策考虑，否则对此权利应予保护”。[①] 在美国公开权的很多案例中，法院也认为原告的出名、获得大众的尊重和喜爱，是其长期辛勤劳动的结果，公开权也是他们仔细发掘他们的才能、慢慢树立他们的形象、耐心呵护他们的广告价值的结果。乐队指挥家凯·隆多巴（Cuy Lombardo）经过 40 年的艰辛和努力

---

① Nimmer, The Right of Publicity, 19 Law & Contemporary Problems 203 (1954).

才树立了其“元旦晚会先生”的社会形象；[①] 绰号为“Crazy legs”的埃尔罗伊·赫希（Elroy Hirsch）先生也是花费了很多的时间和精力才树立起自己优秀品质运动员的形象。[②]“名人所具有的商业价值的形象是他多年实践和竞争的结果，由姓名、肖像和签名所体现的个人形象是他劳动的成果，是一种典型的财产。”[③] 很多学者尽管认为名人形象的商业价值是他自己天才、努力、才智、勇气和运气等因素共同作用的结果，但对其中劳动所创造的价值也予以支持和肯定。[④]

很多学者对劳动价值这种理论表示反对。反对者认为，首先，这种理论将名人的范围局限于那些通过努力获得良好声誉的人，实际上“名人”本身是一种中性词，并无褒义或贬义之分，名人不仅包括那些具有良好声誉的人，也包括那些因某种机遇，甚至是通过某种丑闻、犯罪行为或违反伦理道德的行为而获得名声的人。不管是具有良好社会声誉的名人，还是那些通过丑闻或犯罪而获得声誉的名人，他们的名声都可被用于广告中。莱温斯基就是靠美国总统克林顿的性丑闻而成为全世界范围内名人的，本·拉登是靠制造人类的惨案而闻名于世的，但是“9·11”事件之后，印有其头像和标语的T恤在美国卖到了30美元。海湾战争爆发后，美国一家石油公司则利用萨达姆的大幅画像做广告：“他可能要对石油价格的上扬承担责任，但是我们乐于保证在整个中东战争期间，降低油价。”

其次，好名声所具有的商业价值也并不是名人自己创造的。名人本身的劳动并不一定会赋予自己的形象以一定的含义，在名人出名的过程中并不是唯一而且起决定性作用的因素。一个人能够在其自然能力范围

---

① Lombardo v. Dolyc, Dane & Bernbach, Inc., 58 A. D. 2d 620, 396 N. Y. S. 2d 661 (App. Di v. 1977).

② Hirsch v. S. C. Johnson & Sons, Inc., 90 Wis. 2d, 379, 280 NW2d 129, 137 (1979).

③ Uhlaender v. Henricksen, 316 F. Supp. 1277, 1282 (D. Minn. 1970).

④ 麦卡锡教授就认为，名人的公开权价值是“一个人建造房子，另一个人编制渔网，第三个人则树立自己的形象，法律应该将他们三个人的成果都视为受到保护、免受他人侵犯和偷盗的财产”。参见 J. Thomas . McCarthy, the Rights of Publicity and Privacy, 2. 1 [D], at 2 - 8 (1997)。

内，通过个人努力使其更加强壮、机敏或者具有学识，但是不一定能使他变得出名。一个人的出名有时候甚至具有太大的偶然性。名声的形成是各种复杂的社会因素共同作用的结果，名人形象的商业价值也是特定的文化体系环境造就的。美国学者曼德尔（Madow）即认为某人是否出名，是一个复杂的社会现象，并不是名人劳动的成果。他认为，一个人的成名更多的是由于本人之外的他人劳动的结果，名声这种“相关联”的现象，是由别人赋予的。一个人在他自己的天赋范围内，可以使自己强壮或者博学多才，但在同样意义上，他却不能使自己出名。而且名声经常被“优点”之外的其他因素赋予或抽掉。① 英国学者朱迪思·威廉森（Judith Williamson）以香奈儿（Chanel）5号香水使用法国女明星凯瑟琳·丹妮芙（Catherine Deneuve）的形象做广告为例，指出如果不是她具有典型的法国式美貌，如果她的身材对我们而言并不具有任何意义，那么她的笑脸形象与香水之间就不会存在任何联系，因此并不是她的劳动，也不是她的脸本身，而是她的脸所处的特定的符号文化体系使她成为法国式美丽的代表，促进了 Chanel 香水的销售。②

第三，反对者认为，“劳动创造价值”学说本身是否成立都存在疑问。劳动价值学说首先是由英国哲学家洛克提出的，其学说可以简单地概括为：每个人对自己的人身享有所有权，因此对其身体的劳动也享有所有权；当一个人将自己的劳动与一件他并不享有所有权、处于自然状态的财产混合时，他在其上面就增加了他所有的东西，就能使它成为自己的财产。③ 有学者就指出，一个人通过他劳动所拥有的只应该是其劳动所增加的价值部分而不是所有权。在文明社会中任何一个人的劳动都是一种社会性的活动，包含了前人、他人的技能、技巧、观念和利用了他人所创造的工具，因此要判断一个人在其劳动中到底有多少是他自己努力的成分是一件非常困难的事情，在知识产权中这种借鉴他人的成分

① Michael Madow, Private Ownership of Publicity, 49 Duke L. J. 383 (1999).

② 郭晓红：《公开权若干法律问题研究》，中国人民大学 2007 年博士学位论文。

③ ［英］洛克，叶启芳等译：《政府论》（下），商务印书馆 1996 年版，第 19 页。

更加明显。[①]

公开权的劳动创造价值这种理论也许更符合18世纪的社会情况。反对者的理由有一定道理，事实上，广告商利用名人的形象仅仅是为了吸引公众的注意力，而很多丑闻主角、政治犯、刑事罪犯在社会上具有相当的知名度，利用他们的肖像或姓名完全可以达到吸引公众目光的目的。但是作为对人格身份经济价值分析的理论，劳动价值学说最接近于揭示人格身份具有经济价值的本源。洛克的劳动价值理论可以简单归结为：人的身体属于自己所有，人的身体的劳动也属于自己，劳动是个人将自然物据为己有的唯一依据。劳动价值学说为公开权提供了一种道德上的辩护。在美国，很多学者从劳动价值理论出发来论证公开权制度的合理性。尼莫教授就指出，著名人物的姓名、肖像用于商品广告或者吸引观众注意，具有巨大的经济价值。同样，毫无疑问的是，大多数情况下，名人的形象价值来源于成名过程中付出的劳动，只有当人们投入了相当的时间、努力、技巧甚至金钱以后，才能获取其人格公开化所产生的实际经济利益，每个人都有权利获取其劳动的果实，这是英美法的首要原则，也是最基本的自然公理。这种意见在美国司法界是主流观点，在司法判例中，具有商业价值的名声通常被认为是个人的成就，是个人在特定的领域有意识的持久努力的结果。一个联邦法院的判决也经常被引用："一个名人必须经过多年的投入和激烈的竞争才能使他的公众形象具有市场价值。这种体现在他的姓名、肖像及其他人格要素上的形象，是他的劳动成果，是一种财产权。"[②]

2. 自由意志论

海默里（Haemmerli）教授从康德的道德哲学出发，把公开权阐释为以自主、自由理念为基础的财产权，具有精神的、经济的双重属性。

---

① James O. Grunebaum, Private Ownership 15 (1987).

② Uhlaender v. Henricksen, 3 16 F Supp. D. Minn 1970, p. 1277.

康德在关于人的意志与自由的论述中，把人的本质解释为自主的、道德的存在。自由是内在的权利，是“人根据人性而据有的唯一原初的、固有的权利”。这一基本权利意味着“每个人都是独立的并是他自己的主人”。理性、自由、自主在康德的道德哲学中是交织在一起的基本理念，海默里教授便是用它来论证公开权的哲学正当性。“自主意味着每个人具有控制应用自己的权利，任何他人的干涉都是对其内在的自由权的侵犯。”[①] 海默里认为，在康德的理论体系中，财产是人的自由的延伸，所有的物都可以被拥有和使用，假如存在人的控制能力之外的物，这将与人的自由相冲突，因为它剥夺了人按照意志利用这些物的自由。海默里认为，既然一个人的肖像具有财产价值，可以区分为“你的我的”，那么它所属的人为什么不能主张财产权利呢？对于这样一种财产，它的原始归属者显然有着比他人更为强烈的要求，其理论依据便是财产取得方式中的“先占”——它应当属于最先占有和使用它的人。并且，如同作者的作品，这种财产可以看作是精神、心理、生理等属性的混合产品。基于如上分析，海默里把公开权界定为直接以康德的自由、自主或人格理念为哲学基础的财产权，这是一种一体两面的权利，具有精神的、经济的双重属性，对于该权利受侵害，权利人不仅可以主张经济损失，还可以基于人的自由、尊严主张精神的损害。

康德认为，单纯感官意义的占有，尚不足以称之为“我的”，仅以肢体或个人力量来实现对物的占有，一旦离开肢体或个人力量的控制，相对物则不属所有，在这种情况下，一个人还不能声称他对该物拥有所有权。只有在不以肢体或个人力量来实现对物的占有，而是在观念上将某物视为“我的”的情况下，并且物与人的事实上的分离也不能改变人与物的关系的情况下，才能称为所有权。[②] 对于保证一个人在观念上而

① Alice Hacmmerli: Whose Who The Case for a Kantion Right of Publicity, Duke Law Journal, VOL. 1999.

② ［德］康德，沈叔平译：《法的形而上学原理——权利的哲学》，商务印书馆 1991 年版，第 54—55 页。

非事实上占有或控制某物，并且他人不得对该物加以侵犯的权利，康德认为，占有可以分为“感性的占有”（可以由感官领悟的占有）和“理性的占有”（可以由理智来领悟的占有）。“同一个事物，对于前者，可以理解为对事物的占有；对于后者，则可以理解为对同一对象的纯粹的法律的占有。”为了所有权的目的，首先主体必须将该物作为一个对象来占有，即将该物视为己有，在主观意志上有将该物作为自己独占物的要求。“任何人，如果他想坚持有权利把一个物作为他的（财产），他必须把该物作为一个对象占有它。假如他不是该对象真正的占有者或所有者，那么当别人未征得他的同意而动用该物时，不算构成对他的侵犯或损害。”“我通过正式的表示，宣布我占有某个对象，并用我自由意志的行动，去阻止任何人把它当作自己的东西来使用。”外在获得的原则，可以这样表述：“无论是什么东西，只要我根据外在自由法则把该物置于我的强力之下，并把它作为我自由意志活动的对象，我有能力依照实践理性的公设去使用它，而且，我依照可能联合起来的共同意志的观念，决意把一物变成我的，那么，此物就是我的。”①

黑格尔权利哲学的核心是意志的概念。黑格尔强调，由于物没有自由意志，人有自由意志，物不是自在自为的，而人是自在自为的，所以人有权把物变成自己的东西。“人有权把他的意志体现在任何物中，因而使该物成为我的东西；是具有这种权利作为它的实体性的目的，因为物在其自身中不具有这种目的，而是从我的意志中获得它的规定和灵魂的。这就是人对一切物据为己有的绝对权利。”② 当传统上与人格融为一体的人格要素被付诸商业使用而具有财产价值并被当作物对待时，在它上面又体现了谁的意志而应该归属于谁呢？探讨到这里，洛克和黑格尔似乎走到了一起。在公众意识里，名人的人格要素自然是和名人自己联

① IMMINVEL KANT：THE METAPHYTSICAL ELEMENTS OF JUSTICE 44. Alice Hacmmerlic：Whose Who The Case for a Kantion Right of Publicity，Duke Law Journal，VOL. 1999.

② IMMINVEL KANT：THE METAPHYTSICAL ELEMENTS OF JUSTICE 44. Alice Hacmmerlic：Whose Who The Case for a Kantion Right of Publicity，Duke Law Journal，VOL. 1999.

系在一起，那么“依照可能联合起来的共同意志的观念”，公开权应当属于名人自己。这样，人格要素一方面因具有经济价值，体现了权利人的经济权利，另一方面它又是权利人意志的体现，具有精神性，在这里，公开权和隐私权（人格权）部分地融合在一起。以自由意志观作为哲学基础，把占有者的意志作为权利取得的依据，使公开权具有了新的内涵。

3. **激发潜能说**

该理论以知识产权中的版权为例，认为赋予名人对其个人形象的经济价值以公开权，并不仅仅是道德方面的原因，更重要的是能够提供与知识产权相似的激励作用。名人为了自己更出名，会付出加倍的努力，这就会尽可能地激发其潜能，从而有助于促进个人为开发潜能和取得成就而扩大时间、金钱和各种必要的资源投入，并最终刺激经济的发展而有益于整个社会。这一学说的理论基础是波斯纳的“动态”财产理论，即只有采取有效的措施确保人们能够收获他们的劳动的果实时，他们才会耕耘和播种，而私有财产权就是有效的保障措施。[①] 因此就像财产权的概念能够有助于资源得到有效利用一样，对公开权的保护也有助于提高效率。

波斯纳认为，有偿、私有化比公共化的使用效率更高，对于公开权来讲也是如此，“有充足的经济学理由论证将某人肖像作为广告的财产权利赋予给该人的合理性：这可以确保该相片转让给最有价值的广告商使用，而将肖像作为广告商的公共财产则达不到这种效果……而且，将某人的形象大量使用在各种不同的产品上做广告，将会降低其广告价值，甚至其价值会降低至零”。[②] 也有法官将这种理论用于实际判例中，“对某人的形象所具有的经济价值提供法律保护，以防止他人未经授权进行

---

① ［美］理查德·A. 波斯纳，蒋兆康、林毅夫译：《法律的经济分析》（上），中国大百科全书出版社 1997 年版，第 40 页。

② ［美］理查德·A. 波斯纳，蒋兆康、林毅夫译：《法律的经济分析》（上），中国大百科全书出版社 1997 年版，第 52—53 页。

使用，（能够）为他花费时间和资源以进行进一步发展其技能、取得更大成就并最终成为公众人物提供强有力的激励作用”。[①]

反对者则指出，首先，公开权的实际激励功能是相当小的，没有公开权也不会减少一个人成名的欲望和在这个领域中的努力程度。第一，将公开权与版权相类比就是不妥当的。版权保护的是作者的作品成果，整个写作行为本身并不具有“表演价值”，没有人愿意花钱去看一个作家怎样苦思冥想完成作品的过程，版权直接保护的是作者的最基本的经济来源这一财产权。而公开权保护的是个人的名声的市场价值，而这种名声是名人的附带收入，没有公开权的保护也不会损害他们通过他们的职业谋生的能力。[②]

第二，社会已经为名人的工作努力赋予了非常充分、高额的经济回报。在好莱坞，当红演员的片酬都以千万美元计，[③] NBA 球员的年工资一般都达到百万美元，像乔丹、韦伯、约翰逊这些超级明星，其年收入都是以千万美元为单位。[④] 总体来讲，名人所从事的政治、娱乐、体育等行业其平均收入水平一般都高于其他行业，即使考虑到未成名的演员、球员，其收入水平也远远高于社会其他行业。这也正是为什么会有那么多年轻人日夜梦想加入该行业，甚至被“潜规则”的原因。因此即使没有公开权的保护，这些明星也不可能放弃这种职业，行业的高收入和频繁的曝光度、知名度会不断刺激一批又一批的人前赴后继地努力进入这些行业成为名人。如果他们所从事的行业给他们带来的经济收入和名利收益还不足以保持他们的努力动力，那么公开权所能带来的经济利益也

① Lugosi v. Universal Picture 603 P. 2d 441（Cal. 1979）.

② 郭晓红：《公开权若干法律问题研究》，中国人民大学 2007 年博士学位论文。

③ Eddie Murphy 在 Coming to American 影片中的酬金是 1000 万美元，Michael Douglas 因在 Fatal Attraction 担任角色而获得 900 万美元，Michael Jackson 在 1991 年的一份唱片合同中获得 1800 万美元的版税。参见 Michael Madow，“Private Ownership of Public Image：Popular Culture and Publicity Right”，81 California L，R.，209，210（1993）。

④ 在 2001 年 7 月的转会续约清单上，美国职业篮球联盟球队——76 人队的球员穆托姆博签下 4 年 6500 万美元的合同，国王队的韦伯则签下 7 年 12270 万美元的合同（参见“球员转会续约清单”，《体坛周报》2001 年 7 月 27 日 D2 版）。

就不可能对他们有更大的刺激作用。

第三，这种学说提出的边际价值递减理论并不适用于公开权的情况。波斯纳的观点中隐含着一个前提，即名人形象的价值会随着使用的增加而减少，“将某人的形象大量使用在各种不同的产品上做广告，将会降低其广告价值，甚至其价值会降低至零。”但实际情况恰恰相反，名人的知名度是越广泛流行越增加，穿着印有麦当娜头像T恤衫的人越多，其知名度就会越高，也会越刺激市场对其他与麦当娜有关的产品的消费。波斯纳还认为，公开权能够确保名人将其个人形象给那些最有价值的广告商使用。如果名人的形象只独占许可给一个广告商使用，这种结论可能成立，但实际的情况是往往同时授权许可给多个不同的广告商使用。而且这里适用的是边际价值递增理论，一个人拍摄的广告越多，其知名度就会越高，其广告费就会随之增加，就会有更多的广告商上门约请代言。[1]

4. 防止不当得利说

这种理论从反面的角度对公开权的保护进行分析，认为如果利用名人的姓名、肖像等获取商业利益而不支付相应的报酬，就构成不当得利。[2] 很多学者和法官将公开权诉讼中的被告描述为“盗贼”、“搭便车者”，认为被告不当地侵占了原告创造的价值，“收获”了他人的劳动成果。

反对者则认为，名人公开权的价值对名人本身来说就是一笔意外之财。在名人成名的过程中，自己的劳动努力所起的作用相当有限，而媒体和社会大众在整个过程中所起的作用要比名人本身大得多。像对莱温斯基、本·拉登来说，其名声根本就是一种意外收获。就是一个电影明星，不说媒体和影迷的功劳，也不说明星演出本身所包含的剧本作者、

---

① 郭晓红：《公开权若干法律问题研究》，中国人民大学2007年博士学位论文。

② Kalven, Privacy in Tort Law: Were Warren and Brandies Wrong, 31 Law & Contempt. Probs. 331（1966）。

导演、化妆、摄影、剪辑等人的劳动，即使是明星本人的演出技能，也不是他一个人劳动的成果。正如木匠在制作椅子时，并非从零开始，而是以已有的技术、工具和行业知识为起点进行制作，艺术家、音乐家、演员甚至运动员都是如此。文化产品永远而且必然都是对历史既存知识的再组合、再调配和再创作的过程。演员的演技和风格绝大多数也是模仿他人或者受到他人影响的结果，真正属于自己创作的部分微乎其微，很难说清楚名人自己的劳动在其整个名声创造过程中所占的作用。既然对名人来讲名声就是一种意外之财，那么其他人对其名声的适用也不应当被抱怨是“偷盗”、不当得利。①

其次，反对者认为，那些使用者对名人的名声并非只是简单的利用，而是在利用的过程中把名人的名声当作一种原料，在整个过程中也运用了自己的技巧、才能和聪明才智，并在其中加入了自己的劳动。这种情况在反向利用中更为明显。因此，名声使用者似乎并不是“收获他人的播种”。

第三，利用他人的形象做广告并不符合不当得利制度的法理基础。收获他人的播种是一种非常常见的社会现象，法律并没有将所有这些获取他人劳动成果的行为都作为不当得利来处理。任何人都应该对像思想、观念、定义等这样的人类的文化成果进行自由的利用，因为社会的进步在很大程度上都是依赖模仿。② 法律对知识产权等无形财产提供保护，以阻止其他人对它的自由使用，但这种保护是与社会利益相权衡的结果。正如布雷耶（Breyer）首席大法官所说，“法律什么时候对‘无形’的利益和财产以什么方式提供多大程度的保护，并不是一个抽象的道德问题，而是一个对相关利益进行仔细权衡的问题”。③ 权衡的标准之一即是如果法律允许无限制地使用是否会降低甚至完全阻止整个投资行为。如果这种自由使用行为不仅仅是攫取了投资者的部分利润，而且会威胁到原告

---

① 郭晓红：《公开权若干法律问题研究》，中国人民大学 2007 年博士学位论文。

② Benjamin Kaplan, An Unhurried View of Copyright 2 (1967).

③ WCVB v. Boston Athletic Ass’n, 926 F. 2d 42, 45 (1st Cir. 1991).

的生存或者产品市场，以至于损害原告继续从事或扩大该生产行为的积极性，那么被告的行为是一种不当得利。然而在名人的公开权方面，即使没有公开权，名人们仍然能够从其名声中获得相当的经济利益，仍然会继续从事他们所从事的工作，因此其他人对名人的个人形象进行商业性使用并不是不当得利行为，而是一种合理使用。

5. **小结**

以上四种学说都既有其合理之处，也有不足之处。我们必须看到在当今的社会条件下，名人之所以出名（甚至是一夜成名）是一种很复杂的社会现象，具有很多偶然、不可控的因素。事实上不论名人是如何获得当前的名气，以及其出名的途径是否正当合理，笔者认为都没有必要再予以深究。社会上有形形色色的名人，而他们的声望和名气确实对公众具有一定的号召力，能为商业活动创造经济价值，这都已是既定的事实。既然有利可图，那么就必然会有人去竞相行使这种权利，追逐甚至争夺因此产生的利益。公开权出现的最大目的是为这种权利的行使建立交易秩序，在最大程度上平衡各方的利益，避免出现市场的混乱和无序状态，最终实现社会总体效益的最大化。因此笔者认为，不管采用上述何种学说，最重要的是我们从中认识到人格要素的经济价值是一种无可置疑的客观事实。

二、人格要素经济价值的历史分析

从人格权的历史发展可以看出，如果以不同社会阶段的“人”的概念来理解近现代资本主义社会以前的人格权，那么在阶级分化、社会分化的奴隶社会、封建社会，奴隶、农奴等阶层很大一部分人是不享有现代意义上的人格权的。但是从现代意义上的人格权来考虑，如果说他们享有人格权，那他们的人格权，包括生命、健康、自由等都是可以买卖的，也就是说是可以商品化的，那么姓名、肖像等现代意义的人格权的商品化就更不在话下了，只是这些权利商品化后的权利主体是奴隶主、封建领主等阶层，而不是自然人自己。

基督教的传播让人类在思想上接受了社会职业的划分而没有了阶级的划分，从而为现代意义上人人精神上平等的人格权的诞生奠定了社会基础，终结了奴隶社会、封建社会以他人的生命、健康、自由等人格权为商品的历史。在资本主义初期，人格权仍以上述自然人的生命、健康、自由等内容为主，但资本主义明确宣示了上述人格权的精神属性和非商品化，同时一并将新出现的姓名、肖像等人格权也列入了精神属性的范畴，从而好像彻底封闭了人格权商品化的大门。

现代人权、人格权的发展已经规定生命、健康、自由等基本的人格权不得商品化，即使权利人自己也不得放弃这些人格权。然而人类社会还在进一步发展变化，社会道德也在进一步宽容。罗马法可以将奴隶的生命、健康、自由等人格权作为商品买卖，却因为社会的发达程度不够，不能理解名誉、荣誉等权利含有经济价值。封建社会也是如此。而只有到了资本主义高度发达的近现代社会，商品经济、社会媒体的发达才使人格权的某些内容的商品化成为可能。

从理论上来分析，既然在奴隶社会、封建社会中，奴隶主、封建领主可以从奴隶、农奴的人格权中榨取经济价值，如果社会条件允许，他们肯定也能从被压迫阶层的姓名、肖像等人格权中获得利润，那么在资本主义社会以后的社会，在每个人都已经实现了自治的情况下，虽然有关生命、健康、自由等人权方面的人格权已经不能商品化，但是姓名、肖像等人格权为什么不能商品化，更何况权利主体已经是权利人自己？

因此，自然人的人格与其财产密切相联。如果说一个人的财产可以影响其人格，甚至在一定程度上代表人格的话，那么一个人的人格在一定程度上也意味着其一定的财产，影响到其经济利益。中国古谚有“人过留名，雁过留声”的说法，人们往往把一个人的众多人格因素用一个“名”字来概况，但有“名”便能得利，千古以来“名”、“利”二字放在一起使用绝不是出于偶然的原因，而是对人格与财产关系的最好脚注。

大陆法系最早提出人格权可以商品化的人是德国 19 世纪著名学者基尔克。基尔克认为，某些具体人格权同时也是财产权。[①] 不仅如此，一般人格权也应当同时包含精神利益和物质利益两个方面。从一般人格权的起源来看，虽然一般人格权的目的在于通过私人自治保护人格的独立及其展开等精神利益，但是私人自治并不仅仅限于个人的私人精神空间，其所塑造的生活领域也应当包括经济领域的利益。[②]

基尔克的理论并没有被立法和司法实践所采纳。19 世纪末期，虽然德国的立法者已经注意到非法利用他人姓名或肖像以获取利益的行为是客观存在的，但在资产阶级反对封建社会和宗教统治的自由、平等的口号旗帜的影响下，司法界普遍认为，允许通过支付费用的方式利用自己的姓名、肖像供他人获取利益的行为是严重违背人的尊严的，因此对于人格权的商品化持强烈的排斥态度。

但是，自从第二次世界大战以后，随着社会道德的变迁、人格权观念的发展以及对人格权保护的加强，德国司法实务和民法理论越来越重视人格权的商品化问题，利用自己的人格特点在市场中获利的行为不再被认为是不道德的。在著名的"Paul Dahlke"一案中，德国联邦最高法院认为，在广告中使用名人的肖像，在很多情况下只有通过巨额费用才能够获取对方的同意，从而在法律上承认了人格权商品化的行为。德国联邦最高法院在此案中将肖像权归入"具有财产价值的排除权"，这一观点此后也适用到了姓名权和一般人格权。[③]

国际工业产权保护联合会（AIPPI）就提出一种理论，认为如果人格要素在其首次使用的领域的知名度越高，当从中而来的名誉被用于第二个或更多的领域时，用于这些领域的人格要素就越会组成一个"无处不在的链条"（Common link），并由此导致更成功的商业化。这一观点实际

① O. Gierke, Deutsches Privatrecht, I, Leipzig, 1895, p. 706. 转引自王利明：《人格权法研究》，中国人民大学出版社 2005 年版，第 277 页。

② 王利明：《人格权法研究》，中国人民大学出版社 2005 年版，第 277—278 页。

③ 参见 1999 年德国联邦最高法院关于"Marlene Dietrich"一案（BGHZ, 214, 219），转引自王利明：《人格权法研究》，中国人民大学出版社 2005 年版，第 278 页。

上指出了人格权商品化活动的一个很重要的特征，即人格要素在特定领域所形成的声誉或吸引力越大，在第二个或更进一步的领域进行利用会更容易。

但是在德国，关于人格权的商品化采取何种模式曾经在学术界有过很大争论。一部分学者主张采用美国的隐私权和公开权的二分法模式，将人格权分为隐私权和公开权两部分，引入公开权的概念。大部分学者则主张以德国传统的著作权法为样本，采用统一的权利模式。根据这一模式，人格权作为一个统一的权利，包含两个部分：一部分保护人格的精神利益，另一部分保护人格的财产利益，二者统一构成人格权，财产部分的保护期限取决于精神利益的保护期限。“二分法模式”与“统一的权利模式”的关键区别点在于：是否承认独立的、可任意转让的财产性的人格权。在德国，人格权通行的理论为“统一的权利模式”，因为独立的、可任意转让的财产性的人格权违反了德国基本法第一条第一款关于人的尊严的规定，从人格权的专属性出发，无法将一个人的人格权毫无保留地移转给另外一个人。采用“统一的权利模式”理论，人格权的部分财产权仍然包括在人格权中，无法完全脱离人格权而单独存在，无法自由转让。①

根据精神利益和财产利益的划分法，德国的判例和学说一般认为，侵权人损害权利人的财产利益部分时，权利人可以主张归还侵权不当得利、支付未授权而使用人格特征的合同价金，以及在故意管理他人事物时归还所得利益等救济手段。损害人格权精神利益部分，权利人可主张精神损害赔偿。在侵害死者人格权的精神利益部分时，只有其亲属享有撤销权和不作为请求权，而在侵害死者人格权的财产利益部分时，只有继承人能够主张相应的救济手段。

采用统一的权利模式，就必须要区分保护人格权中的精神利益和财产利益。侵犯他人的人格权就有可能没有侵害人格尊严（精神利益），

---

① 王利明：《人格权法研究》，中国人民大学出版社2005年版，第278—279页。

而只侵犯了财产利益。相对于权利人主动将自己的人格权商品化，德国学者将这种侵权称为“被动的人格权商品化”。① 在德国最高法院的实际判例中，对于这种侵权的损害赔偿又依据被侵权人是否愿意将其人格权商品化分成两种情况：一、如果被侵权人愿意将其人格权商品化，被侵权人可主张损害赔偿或返还侵权不当得利，损害赔偿数额以权利人同意将其人格权市场化下的合同价金为参考标准；二、如果被侵权人主观上不愿意将其人格权商品化，被侵权人除了可以要求停止侵害、要求精神损害赔偿外，在特殊情况下可适用《德国民法典》第687条、681条、667条所规定的、以自己的名义不法管理他人事物所产生的权利人要求侵权人归还其所得利益的请求权。②

这种依据被侵权人是否愿意将自己的人格权商品化来进行损害赔偿的做法产生了一种逻辑上的自相矛盾，而且对被侵权人很不利。如果被侵权人同意自己的人格权商品化自不必说，在被侵权人不同意的情况下，被侵权人实质上就没有遭受财产损失，因为其本人并没有将其人格权商品化的主观意愿，而侵权人也没有法律依据就获得了经济利益。因此笔者认为，没有必要区分人格权侵权的被动和主动，人格权的商品化是一种社会事实，对这种事实就应该有法律规定，不存在权利人愿意不愿意商品化的问题，只存在权利人愿意不愿意接受因人格权商品化而获得的经济利益的问题，侵权人的侵权行为本身就证明了权利人的人格权的经济价值和商品化的可能性。

第四节 道德变化和科技发展是公开权产生的外在条件

人格权具有内在的经济价值是人格权能够商品化的基础，但并不是

① 王利明：《人格权法研究》，中国人民大学出版社2005年版，第280页。

② 参见BGHZ（德国联邦最高法院民事案例集），第143卷，214页，“Marlene Dietrich”一案。转引自王利明：《人格权法研究》，中国人民大学出版社2005年版，第280页。

充足要件。人格权有几千年的历史，人格权的经济价值也有几千年，但是在近现代之前并没有出现大规模的商品化现象，这是因为人格权的商品化还需要社会条件的配合，社会道德对人格权商品化的宽容，科技水平为人格权商品化创造的技术条件，都是人格权最终能够实现商品化的必要条件。

一、社会道德观念的改变使人格权商品化成为可能

名人的人格要素的商业利用，并不是近现代才出现的事物，可以追溯到17、18世纪甚至更早的时期，只不过近现代是名人人格要素商业化利用较大规模发展的时期。但即使考虑科技和传媒发展的因素，我们也会发现在社会早期阶段那些名人并没有从自己人格要素的商品化中获得利益，这是什么原因呢？这一点就需要从社会道德、社会观念的发展变化来考察。

根据利奥·布兰迪（Leo Brandy）的调查，在18世纪中叶欧美社会对名人形象的商业利用就已经有了相当的规模。在1774年，Josiah Wedgwood生产和销售的各种“当代名人”的照片和徽章就受到当时消费者的喜爱，后来其又将伟人头像先后印制在菜盘、陶器、水壶、餐具等物品上。而到1779年Josiah Wedgwood从生产名人头像中所获得的利益就已经超过了其最初的经营业务。[①] 美国建国后，1776富兰克林出任美国驻法国大使，刚到法国不久，其头像就出现在法国市场中的“圆形浮雕、鼻烟盒、戒指、时钟、花瓶、手帕、随身携带的小刀等物品上”。

18世纪美国社会的知名人士并非不知道自己的肖像等人格要素能够给商家带来了巨额经济利益，但为什么诸如富兰克林、华盛顿、杰斐逊等开国元勋并没有对那些企业对其肖像权、姓名权的侵犯表示要追究责

① Leo Brandy, The Frenzy of Renown: Fame & Its History 452 (1986). 转引自 Michael Madow, 81 Cal. L. Rev. 148, n. 94 -6 (1993)。

任，甚至没有表示一点点不满呢？利奥·布兰迪指出，18 世纪的知名人士大多数都是政治家、科学家等严肃的政治人物，他们认为将他们的形象广泛传播将有利于提高新诞生的美国在全世界范围内的影响力，因此他们将自己的名声视为美利坚合众国的一种公共财产，人人都可以加以利用，而不认为名声所能带来的经济利益是自己独有的一种财富。只要有利于美国的独立事业和国家建设，任何方式的使用传播都是适当的。他们甚至将配合他人雕塑和绘画作为一种“爱国义务”，但绘画和雕塑只有少数公民能够购买得到，大多数人并不能观看到，因此在家用产品和装饰材料中使用他们的肖像更能达到他们的目的。[①]

这并不意味着 18 世纪的知名人物对自己的名声漠不关心，恰恰相反，他们将名声作为自己的行动指南，是作为对道德高尚者和英雄人物的“唯一恰当的报答”。只是在他们看来，名声并不就是指“众所周知”，而是能够获得他们同时代以及后代中“能够区分美德和邪恶”的人的尊重。他们追求和重视名声并不是因为名声能够给他们带来钱财、权力、美色等，而是把名声视为对没有经济利益的美德的奖赏或是成就的王冠。[②] 可见 19 世纪之前的知名人士完全沉浸在传统的声誉概念、道德文化之中，他们根本就没有认为那些利用他们的肖像谋取商业利润的行为是在偷取他们的经济利益，根本就不屑于将商业成果纳入他们的名誉中去。

在这个道德观念的影响下，根据社会历史学家尼尔·哈里斯（Neil Harris）的研究，在整个 19 世纪，对名人形象的商业开发利用就已经相当普遍，不管该名人是在世的还是已故的，不管是政治领域的还是演艺界的，也不管是真实人物还是虚构人物：“名人处于流行时尚的中心，帽子、玩具、手杖、自行车、剧院、餐具、家具、香烟、酒等物品上都

---

① Leo Brandy, The Frenzy of Renown: Fame & Its History 454 – 55 (1986). 转引自 Michael Madow, 81 Cal. L. Rev. 148, n. 94 – 6 (1993)。

② Carry Wills, Cincinnatus: George Washington and the Enlightenment 128 – 29, 196 (1984). 转引自 Michael Madow, 81 Cal. L. Rev. 150 – 51, n. 105 – 7 (1993)。

附带有名人的肖像、姓名或各种名人的特别标记。”但这一时期对名人形象的大量开发使用并没有引起社会上的强烈抗议，也没有引起诉讼的发生，其原因是“一个不言自明的前提假设是名人……是一种社会公共财产，并没有对他们进行商业上利用的限制”。[①]

然而到了19世纪末期，社会观念、社会道德开始发生重大变化。历史学家沃伦·萨斯曼（Warren Susman）认为，在20世纪初人们对人格的道德观念发生了从“人格文化”（culture of character）向“形象文化”（culture of personality）的转变。[②] 19世纪末之前，整个社会普遍以“人格”作为信仰，社会上普遍认为自我牺牲、恪尽职守、遵纪守法等美德是自我道德修养和知识技能增长的重要法宝，也是维系社会秩序的重要准则。但在19世纪末，人格观出现了新的变化，“自我实现”的道德价值观代替了“自我牺牲”的道德价值观。旧的“人格文化”认为通过遵守法律和良好的道德观念能够实现自我，而新的“形象文化”则追求通过打扮、言谈举止等行为发展自我和表达自我。

同时，对名人形象的无偿商业利用已经达到了极致，出现了滥用的现象。1895年编撰的《案例与评论》中，一篇文章以“广告盗窃”为名，对名人的无偿商业性开发滥用进行了尖锐的批评：“现在，我们可以在城市的围墙上、路边的石头上、乡村的破门边看到一些医药骗子和劣质产品的商标。如果涌入我们眼帘的肖像是广告人自己的，我们还可能认为广告人自己能够忍受，如果将全国人民爱戴的人物肖像使用在粗劣的产品或降低身份的眼药膏、肝药丸或其他药剂上，我们无法承受这种精神痛苦。”[③] 该文作者指出，对名人形象的商业利用已经达到了滥用的程度，如以阿瑟（Arthur）总统和英国社会学家赫伯特·斯宾塞（Herbert Spencer）命名的雪茄烟，以总统加尔夫·菲而德（Garf Field）

---

① Neil Harris, Who Owns Our myths? Heriosm and Copyright in an age of Mass Culture, S2 Soc. Res. 241, 151 (198).

② Warren I. Susman, Culture as History: the Transformation of American Society in the Twentieth Century, 271 - 85 (1984).

③ Advertising Brigands, Case & Com., Dec. 1895, at 3.

命名的茶叶，“也许在不久的将来，亚伯拉罕·林肯的照片将会被使用于各种‘臭咸鱼’的广告中，而华盛顿总统的头像将会印在‘各种各样的文胸和花花绿绿的内裤上’”。[1]

根据物极必反的原则，在社会道德观念转变的情况下，整个社会开始反思无偿使用知名人物形象的弊端，开始出现名人反对未经许可将其形象进行商业利用的趋势，并开始出现要求有偿使用名人形象的呼声和判例。1890 年电影生产商不顾电影喜剧明星马里昂·马诺拉（Marion Manola）的反对，将其照片印在电影 Castles in the Air 的海报中进行宣传推广，马诺拉起诉到法院获得了其照片使用于海报上的永久性禁令。[2] 1891 年英国的医学专家莫雷尔·麦肯齐（Morrell Mackenzie）因 Soden Mineral Pastilles 的美国生产商未经其同意将其签名用于假的产品推荐书而向法院诉称，玷污了其专家名声并损害了其作为医生的收入，同时侵犯了其独占使用自己姓名的权利，纽约法院没有引用任何先例也没有给予任何解释，直接发布了临时禁令。[3] 在另外一个案件中，新泽西州法院禁止一家专利药物生产商将托马斯·艾迪逊的姓名和肖像使用在其企业名称和生产出的药品的标识上，尽管这种药方是托马斯·艾迪逊发明并从其手中购买而来的。[4] 而这种禁令在 19 世纪以前是不可想象的。

对名人形象的滥用、社会道德观念的转变，所有这一切发展变化都将公开权的产生提上了日程。虽然开始不再允许随意使用名人的人格要素，但是社会理论、法律制度必须得对这种情况做出一个合理的解释。在 20 世纪之交，尽管法院开始支持知名人士对自己姓名、肖像等权利的主张，但无论是法院还是当事人都不清楚哪些未经授权对名人形象进行商业利用的行为是“不法行为”。当时有学者提出无偿滥用可能有损于美国伟人的形象，上述针对托马斯·艾迪逊的形象做出的禁令正是这种

① Advertising Brigands, Case & Com., Dec. 1895, at 3－4.

② Michael Madow, 81 Cal. L. Rev. 153, (1993).

③ Morrell Mackenzie v. Soden Mineral Springs Co., 18 N. Y. S. 240, 249 (Sup. Ct. 1891).

④ Edison v. Edison Polyform Mfg, 67A. 392 (N. J. Ch. 1907).

反应。也有案例主张如果未经名人同意使用其形象，有可能使消费者误认为该商品或服务得到了名人的认同从而损害消费者的利益。但大部分名人都以这种无偿的商业使用使其难堪或名誉受损为由提起诉讼，并没有人主张或者认识到对其人格因素的商业使用应该获取经济利益的观念。但是对名人形象具有经济价值这一认识已经取得共识。

二、科技进步和社会传媒的发展使人格要素商品化成为现实

人格权商品化的另外一个外在原因是现代科技、社会传媒的迅猛发展。科技和传媒在两个方面促进了公开权概念、制度的出现和发展。

第一，近现代以来，科技和传媒的发展加快了一个自然人成名的速度，拓宽了知名度的传播范围，使得一个自然人能够更快、更广地为人所知，从而大大促进了公开权的发展，也增强了其经济价值。19 世纪末，随着科技的进步，美国的传媒业开始飞速发展。首先是科技促进了媒体的发行量，如日报的发行量从 1870 年的 260 万份增加到 1890 年的 840 万份。其次，摄像技术和印刷技术的发展使报纸和杂志能够在最短的时间内用图片和图像对新闻事件和相关人物进行报道，出现了专门以画报的形式对新闻人物进行报道的杂志。报道的内容也更加丰富，开始大量刊登如警匪类、侦探类、上流社会的各种琐事等吸引人们眼球的内容，从而大大增加了媒体对人们的吸引力。电影和无线技术也从此开始发展。

科技和传媒的发展首先增加了人们对公众人物的了解途径，空前增加了名人的知名度，加快了一个人从普通人向明星转变的成名速度。在 19 世纪末期之前，即使是美国最有名的人物，人们对他的了解也只限于文字的平面化了解，甚至不知道他长得什么样。人们很喜欢娱乐界的演员，但一般人们隔很长一段时间才能够看一次演出，演员和观众之间存在明显的时空间隔。一个人除非在某一方面超常优秀，否则不可能成为家喻户晓的人物。“如果美国前十五位总统走在大街上，很可能没有几

个人能够从普通的人群中将他们分辨出来，那一时期中出类拔萃的律师、总理和科学家等人物也同样如此。”① 但是随着媒体将各行各业的名人的肖像刊登在报纸和杂志上，刊登在商品的标识和广告海报上，公众人物开始活生生地展现在公众面前。随着电影技术和无线技术的发展，人们可以在电影院看到演员的表演，从收音机里听到演员的声音，演员的肖像和声音作为其人身的标识越来越深入观众的心中，演员完全可以凭借其相貌、身材、声音、演技而一夜成名。电影和广播成为一种强有力的“名人制造机器”，好莱坞成为“明星制造工厂”，彻底改变了人的成名途径。

第二，科技和传媒不只是促进、加速了一个名人的成名过程，更在一定程度上引导着普通大众的关注点，从这一点上讲，科技和传媒在主动制造名人和明星，在主动增加进入公开权领域的人格权要素和其经济价值。

首先，科技和媒体使越来越多的人格要素进入公众的视野之中。在20世纪之前，人们关注的主要是政治家、企业家、金融家、科学家的人物传记、生活经历。而在20世纪之后，媒体将注意力重点转移到电影演员、演艺人员、运动员等娱乐界人物身上。报道的内容也不只是他们的成名经历，甚至包括他们的朋友、业余爱好、衣着打扮等私人生活，从而满足人们的好奇心。越来越多的美国人也开始模仿这些明星的生活方式、衣着打扮甚至是爱好。名人的公开权作为促进消费和宣传已经成为无可争议的事实。按照一位美国学者的说法：“在1920年到1930年期间，名人与消费之间的联系已经在美国建立。各种影迷杂志和报纸详细地披露好莱坞明星的发型、喜爱的食物、个人习惯、阅读兴趣、装饰观念等，除了不言及性生活方面的恶习外，对所有能够被看到的情况都进

① Neil Postman, Amusing Ourselves to Death: Public Discourse in the Age of Show Business, 60 (1985).

行详细的报道……好莱坞的消费模式已经成为大众消费的‘参考标准’。”[1] 同时，好莱坞和明星与广告公司联合起来，允许家具、化妆品或其他时髦消费品的赞助商在电影中出现，也允许他们在广告和产品推荐书中大量使用名人的姓名和肖像。而名人的签名作为新的公开权的客体也被创造了出来。

在广告中使用名人签名的推销方式可以追溯到17世纪，但是随着专利制度的发展，名人签名推荐的现象一度陷于低迷状态。虽然美国社会中的知名人物长期以来都认为，将自己的姓名许可给他人进行商业目的的使用有损于自己的人格尊严，但20世纪20年代以后，美国的J. Walter Thompson公司（简称“JWT”）还是成功地将个人签名开发成为公开权的使用对象。JWT公司先是在1924年以给慈善机构捐款为名，让当时美国社会知名的女权主义者贝尔蒙特（O. H. P. Belmont）夫人同意将其签名使用在Poud牌的润肤霜上，随后又先后取得了罗马尼亚女王Marie、Reginald Vanderbilt夫人的签名许可。之后，好莱坞的一些明星也开始同意使用其签名进行商业活动，很快JWT公司和其他广告代理公司就在广告中大量使用电影明星和专业运动员的签名，其范围涉及到香皂、化妆品、香烟、运动设备、衣服和其他消费品，签名作为公开权的一个客体，作为知名人物人格身份的标识从此进入商业领域。[2]

---

① Stuar Ewen Culture, All Consuming Images: The Politics of Style in Contemporary culture, 98 (1988).

② Michael Madow, 81 Cal. L. Rev. 165 (1993).

第三章／公开权的特征／

公开权具有哪些主要特征，是我们在探讨了公开权的概念、起源、发展及性质后，不得不涉及的又一个话题，也是我们深入了解公开权制度全貌的重要一环。本章的内容分为公开权的主体、客体和可处置性三大部分，笔者结合前文的评述对公开权的这几个主要特征进行了介绍和分析。

第一节　公开权的主体

首先，公开权是一种仅仅与真实的自然人相关的权利。公司、合伙组织等法人，以及虚构人物，包括卡通形象，都不具有公开权。在美国，加州民法典（California Civil Code）第 3344 条明确规定保护自然人的姓名、肖像、声音和签名等。纽约州民权法第 50 和 51 条规定保护的是“任何活着的人”的权利，该州法院还一致裁定，任何法人都不得依据上述规定主张权利，只有真实的自然人才可以依据上述规定主张自己的权利。①

公开权起源于隐私权，从另一方面也说明了只有真实的自然人才可能享有公开权。隐私权是道德感觉的产物，无论是法人还是虚构的文学

① McCarthy on Trademark and Unfair Competition（Third Edition），Chapter 28.04（4）（b），1995.

性人物，都不可能有道德上的感觉从而具有隐私或者享有隐私权。隐私权的享有者，只能是真实的自然人。如果要说法人有什么“隐私”的话，那也只能属于商业秘密或者信誉的范畴。[①]

其次，美国公开权的主体是所有自然人，不以自然人的知名度为要件。无论是名人还是非名人，每个自然人都享有公开权。

关于是不是每个自然人都享有公开权，在美国存在两种观点。第一种观点认为仅名人才具有公开权，非名人只能主张隐私权。在美国公开权发展的早期，确实有一系列的案例将公开权的主体局限于名人、公众人物，[②] 原告如果是非名人，只能根据隐私权主张自己的权利。当一个人主张自己的公开权受到侵害时，他必须向法院表明他的人格，如姓名、肖像等，具有被告所侵害的公开权价值。[③]

另一种观点认为，公开权的主体是一般主体，所有的人对自己的姓名、肖像、生活经历等都享有开发、利用并禁止他人以营利为目的非法利用的权利。美国多数承认公开权的法院和学者都主张每一个自然人都应当同时享有隐私权和公开权，并且不受任何人格要素被先前利用的影响。霍尔姆斯法官（Judge Holmes）在“O’Brien”一案中清楚地提出：“隐私权有别于为商业广告目的使用自己姓名、肖像的权利。后者是一个每个人都拥有的财产权；它的价值可以或多或少，甚至只是名义上的；

---

① 李明德：《美国知识产权法》，法律出版社 2003 年版，第 314 页。

② 佐治亚州最高法院曾在一份法官意见中认为：“普通市民享有隐私权，公众人物享有相应公开权，而且侵犯公众人物公开权造成损害的赔偿标准，是公众人物人格使用者所盗用的价值。”参见 Martin Luther King. Jr. Cir. Forsoc. Charge. Inc. v. Am. Heritage Prods, Inc. 2965. E. 2d 697, 700（Ca, 1982）。俄勒冈州最高法院也曾经认为：“对于一个在公众中不具有知名度的人，出现在商业促销中也是偶然的，是不能得到公开权保护的……公开权只适用于演员、运动员或其他表演者。”参见 Anderson v. Fisher Broad, Cos, Inc. 712P. 2d 803（Or, 1987）。

③ 在 Delan by Delan V. CBS, Inc 一案中，纽约州一个法院因为原告没有证明他在某一方面是一个公众人物，就认定了原告没有表明其提起侵害公开权之诉的诉因。在 Chetham v. Paisano Publis. Inc 一案中，法院认为：“原告必须证明她的肖像具有商业价值，并且她曾打算利用这一价值，来证明她已经在其肖像或设计上，发展出一种财产利益。没有这样的证明，便不能表明被告利用了原告已经发展起来的名望和财产。”原告必须证明自己是众所周知的人，且知名度要强烈到他足以具有存在于可辨认的群体中的商业价值。参见 891 F. Supp, 381；1995 U. S. Dist, LEXUS 9757（D. C. W. Ky 1995）。

但是，它是人自身的权利，对该权利的侵犯不可被豁免。”[①] 联邦第九巡回上诉法院在 1974 年也重申这一观点：“一般而言，人格被盗用的人的声望和知名度越大，遭受经济损害的程度也越大。然而，这也是有可能的，即名人的人格被盗用可以引起羞辱、尴尬和精神痛苦，而对一个相对不为人所知的人的人格盗用会造成经济损害或者从自身产生先前不曾有的经济价值。”[②] 波斯纳和美国法律学会也都对这种观点予以肯定。波斯纳认为，在有关隐私权的侵权法中，对侵犯公开权的承认应该没有多大的问题。公开权给一个人这样一种权利，即没有得到他本人的同意，不能在任何广告中使用他人的姓名和肖像。所有的人都应该受到公开权的保护。[③] 而在现实中，美国认可公开权的约 30 个州均以法律形式承认每个人天生享有公开权。1990 年加州最高法院在“摩尔”一案中提出：“过去的判决都裁定，每个人都就自己的形象享有财产权益，未经许可的商业性使用属于应当加以纠正的侵权。”[④] 当然，名人的公开权的商业价值要远远超出非名人。

事实上，任何自然人的人格身份都存在商业化的可能性，都可能被非法的公开、使用或传播等行为所侵害。首先，知名人物的姓名、肖像等确实更可能在商业活动中被使用和获得更多的经济利益，但知名度并不是能带来经济利益、商业化的唯一的途径和理由。在某些情况下，自然人的其他特色人格特征，如外貌的美丑、沙哑的声音、个子高低、纯朴的气质特征等都可能成为其人格被商业化的理由，而且在现代社会传媒高度发达的情况下，一个人的出名有的时候也是很偶然的因素，并不要求其出名的理由是道德或者感官上的美感，否则就无法解释“芙蓉姐姐”一夜成名这样的奇怪现象，这就是因为人们的关注理由并不只是喜

---

① O’Brien v. Pabst Sales Co. , 124f. 2D 167, at 70 (C. A. 5 1941).

② Motschenbacher v. R. J. Reynolds Tobacco Co. , 498 F. 2d 821, ac 824. fn, 11 (C. A. 9 1974).

③ 参见［美］理查德·A. 波斯纳，苏力译：《超越法律》，中国政法大学出版社 2001 年版，第 609 页。美国法律协会《反不正当竞争法》（第三版）明确指出公开权主体指一切人。

④ Moore v. Universal Pictures, 205 USPQ 1090 (Cal. Supreme Court, 1990).

好，还有好奇、八卦等其他因素。

其次，名人、公众人物和一般的自然人之间并没有一个明确的界限。尼莫就指出，公开权的主体不应限定于那些有特定名望、地位的人或利用他们人格的人。因为在那些获得名望、地位的人与那些没有名望地位的人之间划出界限，如果不是不可能的话，也是难以做到的。①

第三，如果只承认知名人士的公开权，继而将名望、地位等规定为构成公开权的要件，则会阻碍非名人对擅自商业性使用其人格的行为按公平的市场价格索取赔偿，形成事实上的不平等。② 另外一方面，公开权既然是人格身份的商业化，那么任何人都应该享有此权利。因此，公开权是任何人都享有的权利，其主体不仅限于公众人物或者曾经对自己人格身份进行过开发的特殊主体。

第二节 公开权的客体

我国学术界对于美国公开权的客体有四种不同的意见。第一种观点认为，公开权的客体是一种商业信誉。“被商业性使用的对象总是与某种抽象概念相联系，消费者见到产品上、服务上或宣传中使用的这些形象……总是不由自主地联想到它们背后的那个抽象概念，也正是这个抽象概念吸引着广大消费者。”③ 第二种观点认为公开权的客体是一种能够创造大众需求的社会影响力和吸引力。第三种观点认为公开权的客体是一个商品化对象中所蕴含的整体形象特征。因为形象、角色、文字等留给人们的往往不仅是某个画面中固定的姿态、表情或表达，而是由此引发的人们对其情态、性格、装扮及其背后蕴藏的特色的联想，只保护现

---

① Nimmer, “The Right of Publicity”, 19 Law & Contemp. Prob, 203, at 217 (1954).

② McCarthy, “The right of Publicity and privacy”, 4.3. [E] (Rev. 1993).

③ 刘春霖：《商品化权》，《河北大学学报》1999 年第 4 期。

实出现的画面显得毫无意义。[①] 第四种观点认为公开权的客体就指的是姓名、肖像等人格要素本身，这也是美国公开权制度中所广泛采用的标准。笔者认为，既然公开权是源自美国法律体系中的概念，因此从美国法的标准出发来理解公开权的客体似乎更为妥当。

在美国，公开权的客体主要是指能够指明自然人身份的姓名、肖像、声音等人格要素。具体包括：一是姓名，这里姓名指的是一个大类，含义包括本名、别名、绰号等；二是肖像，这里的肖像不仅指自然人的正面形象，还包括侧影、背影、特殊形象标记以及其他能以视觉形象感知的特征要素；三是声音，在大众媒体高度发达的今天，有个性的声音越来越成为一个人的身份标志，尤其是对于电影配音演员、主持人、歌唱家、口技演员等人士来说，他们的声音就是其身份的象征；四是其他能够指向自然人身份的要素特征，或单独的或综合的要素。公开权的客体不能穷尽列举，而且事实上美国各个州对公开权客体的规定范围也是不一样的。例如，纽约州规定保护姓名、照片、肖像和声音；肯塔基州保护声音和肖像；加利福尼亚州规定的客体是姓名、声音、签名、照片和肖像；而印第安纳州则将姓名、声音、签名、图画、形象、照片以及姿态动作等作为保护的对象。

第三节 公开权的可处置性

在美国，学界和司法界的主流观点是将公开权视作一种财产权利，但在公开权是否应像纯粹的财产权一样具有完全的可处置性的问题上仍存在着很大分歧。以继承为例，一种观点认为，公开权与隐私权一样，不能继承，名人一旦死亡，则其公开权将进入公共领域，成为公共财产。因为如果公开权可以继承，将对社会公共利益不利，且公开权如果可以

---

① 彭雪梅：《商品化权的法律保护》，《著作权》2001 年第 5 期。

继承，其存续期间很难确定。如纽约州就持这种观点。① 第二种观点认为，公开权可以有条件地继承，其条件是死者必须在生前就已利用过公开权。如犹他州关于公开权继承的规定就是如此。第三种观点认为，一个人的公开权不应当在死亡后成为公共财产，而应当由死者的继承人予以继承。不管死者生前是否已经实际利用，都可以继承。这是美国大部分承认公开权的州所采取的态度。

既然公开权被当作一种财产权来处理，那么在美国大部分州，公开权也是可以进行转让的。在 1978 年加州的一个案例中，法官就曾提出，公开权与隐私权的不同之处就在于，公开权可以移转，也可以继承。② 在另外一个案件中，法官则认为某人将其公开权转让给他人而占有 22% 的股份是合法的。③ 由于公开权所具有的商业价值只有通过实际的商业利用才能得以实现，也就具有了转让、继承的必要性。以姓名、肖像为例，只有将其利用于商业活动中时，才能体现出公开权主体对交易活动所具有的影响力，姓名、肖像据此才成为一种有价可循的财富。在商业活动过程中，姓名、肖像等不仅发挥传统人格权中人身识别符号的作用，更重要的是作为商业利益的承载者出现。这种情况下其转让的并非人格要素本身，而是人格要素上存在的形象利益，是利益使用的转让。

关于公开权的可处置性，还有一个值得注意的就是有关公开权的非自愿转让问题，意即非因权利人自己的意愿而发生的公开权的转让问题，这主要可能发生在因离婚、破产、偿债等变故而必须发生财产权转移的情形中。在该等情形下，当事各方可否协商达成将一个人的公开权归于另一方的有效协议？该等协议可否强制执行？如诉诸法庭，法庭可否直接判决公开权的转移？这些棘手的问题即使在美国也没有成熟的答案，且若处理不当，还很容易招致意外的、甚至有害的后果（包括道德和法

---

① Lugosi v. Universal Picture Co. , 25 Cal. 3d 813, 603 P. 2d 425, 10 A. L. R. 4th 1150 (Cal. 1979) .

② Lombardo v. Doyle, Dane & Bermbach Inc. , 579 F. 2d 215 (C. A. 2 1978) .

③ Factors Etc. Inc. v. Pro Arts Inc. , 579 F. 2d 215 (C. A. 2 1978) .

律上的双重风险），如强迫劳动（强制欠债的名人去行使其公开权）等等。

当然，在这方面，个别的案例也不是不存在。例如，1995 年轰动全美的前橄榄球明星辛普森杀妻案在经历了“世纪审判”后，辛普森因证据不足被陪审团判定无罪释放。受害者亲属对此判决极为不满，又将辛普森告到民事法庭，1997 年受害者亲属获得了 3350 万美元的民事赔偿判决。但因辛普森无力支付，该判决一直未能执行。2006 年，辛普森应出版商邀约，出版了一本名为《如果我干了》的书，并在书中细述“杀妻”经过，再次在全美掀起轩然大波，也为辛普森带来了巨大的经济收益。受害者亲属闻讯后气愤难当，立即再次入禀洛杉矶法院，要求法院判决他们法定受让辛普森的公开权，以此来抵偿辛普森未履行的民事赔付。[①] 这是发生在美国的第一桩要求通过法庭判决强制转移个人公开权的案件，因而引发了公众和媒体的广泛注意。但最终该案的法官驳回了原告的申请，尽管她本人明确表示了对受害者家属的同情和理解。法官的理由简洁而直接，她指出公开权毕竟是一种植根于个人身份之上的权利，与人格尊严无法完全剥离，因而不可能通过这种法庭强制的方式转移一个人的公开权。[②] 说到底，还是因为公开权不是纯粹的财产权，因而不可能具有完全不受约束的可处置性，特别是在权利人非自愿转移公开权的情况下。这个问题本质上涉及到的还是公开权的性质，如前文第二章中所讨论的内容。

---

① Goldmans Seek Control of O. J. Simpson's Right to Publicity, CNN. com, Sept. 6, 2006, http: //www. cnn. com/2006/LAW/09/05/oj. simpson/index. html.

② Tal Ganani, The Failed Attempt to Acquire O. J. Simpson's Right of Publicity, and Whay it should have succeeded, 26 Cardozo Arts & Ent LJ 165.

第四章／公开权的典型主体与人格要素／

公开权的主体和人格要素是组成公开权的重要部分，也是公开权最直接、最容易区分于其他权利的表象特征。公开权的一般主体包括所有的自然人，但真正能够受惠于该权利的主体往往只有那些拥有社会知名度的“名人”，即本章中所称的“典型主体”。能够将特定的人（尤其是名人）与他人身份区别开来的符号，如姓名、肖像等被称为人格要素。随着现代社会经济、技术的发展，人格要素也出现了多样化和无穷尽的趋势，这也是公开权应用外延不断扩大的主因。本章将公开权的典型主体和人格要素进行了集中分类，在引用大量案例的基础上，对各主要类别的典型主体和人格要素一一进行了描述和解析。

第一节　公开权的典型主体

公开权的主体是所有自然人，每个自然人姓名、肖像等人格要素都应该受到保护，但是在社会现实生活中，因为往往只有名人才能因其身份而获得可观的经济利益，大量的公开权案例都是与名人有关的，因此我们在此只对影视体育明星、艺术家、政治人物等典型主体进行论述。

一、影视明星、体育明星

随着现代体育运动的不断发展，大众传媒的扩充和人们经济收入的提高以及余暇时间的增加，体育运动及运动员成为广泛关注的对象。运动员，尤其是知名运动员的肖像、签名和其他标明自己身份的特征也就具备了重要的商业价值。商家利用知名运动员特定的形象和号召力进行商业开发，以达到促进产品销售、树立企业形象的目的。

姓名、肖像、声音等属于人身性质的因素，对于一般人而言，通常不具有财产价值。但是，对于知名运动员而言，情况却不同。他（她）通过自己富有创造力的活动，使得公众知晓其人，并将姓名、肖像和日常行动与本人建立了某种联系，使得他人一看到其姓名或肖像就联想到其人，想到其日常行为。在这种情况下，运动员成为高可信度的代言人。心理学家认为，信息传递者本身的人格因素会作为信息的一部分而影响受众，进而影响受众对于传播信息的认可。运动员往往代表的是一个积极进取、健康向上的形象，即依靠个人奋斗促成人生价值的实现，因此他们代言广告会使得商品的标志受到特定顾客的需要而具有竞争力。将运动员的肖像等人格形象用于商业领域是出于商业宣传的需要，目的是吸引消费者。当他代言广告时，他所拥有的姓名或肖像就不再属于完全的人身性质，而具有财产性质。众所周知，运动员将体育作为事业时要付出极大的时间、精力甚至是伤病的代价，他们承受了常人所不能承受的压力，才有可能取得优异的成绩，为人们所熟知和喜爱。因此，利用知名运动员而增加的这一部分竞争力的利益应归权利人所有。

1996 年 8 月 6 日，香港《大公报》整版登载了王军霞挂着奖牌、右手高举鲜花的画面，在王军霞右手边是两盒昆明卷烟厂出品的“红山茶”香烟，其下方为“忠告市民：吸烟有害健康”。其后，王军霞以被告未经允许利用其形象做香烟广告，侵犯其肖像权为由提出诉讼，要求昆明卷烟厂赔偿经济损失和精神损害费 1000 万元。昆明卷烟厂则称自己不是这一侵权广告的发布人和委托人，而《大公报》则认为这是非营利性质的“公益广告”。2001 年 5 月 15 日，经过两审后，辽宁省高级人民法院判决王军霞胜诉，昆明卷烟厂赔偿80万元，并在一个月内登报道歉。①

众所周知的姚明诉可口可乐公司一案不仅反映出体育明星的巨大商业化价值，也反映出在我国现有情况下对体育明星人格要素商业价值保护的艰难程度。

作为一名蜚声中外的国际球星，姚明的个人形象具有巨大的商业价值，其在广告中的强大号召力自然也被国内、国际商家所看好。2003年5月姚明与百事可乐公司签署了广告代理合约。但与此同时，国内市场上出现了印有姚明、巴特尔、郭士强三人形象的可口可乐产品。对此，姚明表示从未给可口可乐公司任何的授权，也从未许可可口可乐使用他的肖像展开商业活动，并提起了诉讼。

可口可乐公司则宣称，2003年3月他们即与中国男篮和其商务总代理中体经济管理公司签下三年合作协议。三年内，可口可乐公司相关产品享有“中国国家男子篮球队唯一专用碳酸饮料及运动饮料”称号及国家男篮整队肖像的使用权等。中体经济管理公司也宣称，姚明等三人可以代表中国篮协的整体形象，它们使用的是中国男篮全队的肖像权，而非针对姚明个人，因此不存在侵权。而且国家体育总局曾于1996年发出505号文件，明确指出：“国家级运动员的肖像权等无形资产都属于国家所有”，因此可口可乐公司在得到中体经济管理公司的明确授权下，使用姚明在内的一组球员的集体肖像，不存在对姚明个人肖像权的侵犯。

此案在社会各界引起轰动，有一种意见认为，可口可乐公司的行为没有侵犯姚明的肖像权。首先，姚明是国家男子篮球队的正式队员，其应当服从国家体育总局和中国篮球管理中心的管理规定，可口可乐公司通过中体经济管理公司的代理，取得了中国篮球管理中心的同意使用中国男子篮球队集体肖像，其授权不违反法律、法规的规定，应合法有效。国家体育总局和中国篮球管理中心对运动员集体肖像权的问题有过明文

① 邓宏光：《论公开权》，西南政法大学2002年硕士学位论文。

规定，而集体肖像权只要是两人或两人以上便可成立。既然姚明是国家男子篮球队的正式队员，在使用国家队的集体肖像时，用到姚明的肖像就是合法的。其次，姚明作为运动员与一般公民不同，由于中国所特有的体育体制，运动员都是国家财政拨款培养的，运动员首先应属于国家，在个人利益和国家利益发生冲突的情况下，应首先服从于国家利益。①

笔者认为，姚明主张自己的肖像权的经济利益合理合法，而且这个案件对于理解我国现实社会中人格身份的状况，推动人格身份商品化理论的发展具有很重要的意义。

第一，本案问题的关键是如何认识肖像权的权利性质。肖像权是公民民事权利中人格权的一种，是法律赋予每个公民应当享有的权利，不应因年龄、收入、家庭出身、社会地位的差异而有所不同，也不应因公民隶属于不同机构、组织、团体而有所改变。法律平等适用于每一个人，因此姚明不因其身份是国家运动员就有所不同，姚明的肖像权无可置疑地属于他本人。国家体育总局 1996 年关于“国家级运动员的肖像权等无形资产都属于国家所有”的规定是完全违反法律规定的。

第二，肖像权作为民事权利的一种，应是与生俱来的，既不可以被他人剥夺，也不可以由本人放弃，但允许授权许可他人使用并可以同时获取商业利益。可口可乐公司在其饮料产品的外包装中使用姚明的肖像，如果未经姚明本人的同意，其行为就构成了对姚明肖像权的侵权。

第三，法律明确规定肖像权是公民自身的权利，国家体育总局和中国篮球管理中心的规定只是一种行政规定，充其量算部门规章，一纸行政规定不能剥夺一个人专属于其本身的人格权。国家体育总局和下属各体育运动协会本身是非营利性机构，因此它们在协会内使用各协会运动员的姓名、肖像等可以说是为了公共利益、国家利益，但是一旦它们接受赞助使用运动员的肖像，它们的行为就是商业性行为，不仅要征得所使用肖像运动员的同意，而且应该支付其肖像商业化的费用。国家体育

---

① 邹军华：《公开权研究》，中国政法大学 2005 年硕士学位论文。

总局和中国篮球管理中心并不能因自己的行政机关性质而有所特殊，它们最多也只能像百事可乐、可口可乐公司一样，在姚明签订合同或协议、授权许可的情况下使用其的肖像。

第四，不存在所谓“集体肖像权”的理论。所谓“集体肖像权”是指，如果使用几个人的肖像，这几个人的肖像在一起就具有代表某个集体的功能，人格权的权利主体就指向该集体，而集体肖像中的每个肖像权人就丧失了自己的肖像权。人格权的实质是一种身份利益，其主体必须是自然人，任何集体、政府机构、法人等非人类都不享有人格权。因此，这种所谓的“集体肖像权”理论没有任何法律和社会依据，其实质是打着所谓“公共利益”、“国家利益”的幌子，蔑视和剥夺了法律所赋予肖像组成人员对其本人所享有的人身权利。我国现实中对于公众人物的人格权侵犯最多的就是这种以国家利益、社会利益为重，从而冠冕堂皇地侵犯个人人格权商品化中经济价值的行为。

因此，笔者认为，在集体肖像作品中每个独立的肖像权人都应享有独立的肖像利益不受侵犯的权利。但是，因为个人独立的肖像权置身于集体肖像之中，所以应对其进行必要的限制。对于独立肖像权人肖像的使用不应侵犯其他集体肖像权人的合法利益，即不必征得所有人的同意，但应对其他人肖像的使用给予相应的补偿。只要有多数肖像权人同意，集体肖像作品即可被使用，对于其他人应进行补偿。拥有著作权的中国篮协和照片中的任何队员都有权将此集体肖像商业化，但是必须支付使用费给队员。篮协只拥有著作权，且所拍摄的集体照片本出于公益目的，不应用于商业，而篮协将其商业化就需要为每个队员付出肖像的使用费。只不过在我们国家篮协地位过于强大，非法“没收”了队员们的收益而已，或者说队员们自己放弃了这笔肖像使用费，将其捐给了中国篮协。

我国的体育运动员的培养模式是一种“举国培养”的体制，在运动员的培养过程中国家往往投入了巨大的人力、物力、财力，而且在传统的观念中，国家和集体的利益要高于个人利益，当个人利益与国家和集体的利益发生冲突时，必须牺牲个人利益，所以很多人认为各专业运动管理机构可以随意使用运动员的肖像。这种观点严重损害了运动员的肖像权和人格权。未经运动员同意对运动员在集体意义上的肖像进行统一管理是对个体肖像权的侵犯，不具有合理性。一方面，国家对运动员的投入是为了提高我国体育事业的水平，不是为了取得运动员肖像权使用上的回报。既然明星运动员通过努力已经使国家实现了其投入的目的，国家就不应该对明星运动员进行过多干涉。另一方面，肖像权是运动员人格权利的重要表现，具有明显的个人特征，运动员对其个人权利的行使应基于其自由意志的表达，不应借国家或集体利益的名义加以干涉，其他人或机构也无权对运动员个人的肖像权进行干涉。

我们可以从另外一个角度来考虑，也许可以借鉴影视明星中的经纪制度，或许中国男子篮球协会设立中体经济管理公司不是以获得运动员的肖像权为目的，而是取得运动员的经纪公司和代理人的身份，运动员人格权商业化的行为都须通过该公司来进行的，运动员商业化的价值一部分用于回报国家的培养制度。这样也符合我国运动员的举国培养体制，可以从运动员人格权商业化中回收国家的投入。姚明诉可口可乐一案无疑将会促进这一制度的建立进程。

二、政治家、文学家、艺术家

从公开权的主体来讲，其主要是影视明星与体育明星。而政治家、文学家、艺术家因为受社会观念、传统道德的影响，其人格身份的商品化所受到的保护更难取得社会的认同。

有学者认为，国家的政治领袖具有很高的社会知名度和声誉，如果商家利用其形象为自己的服务或产品做广告，必将获得巨大利益。但政治人物的人格身份如果实现商业化会对国家和政府造成非常不利的影响，而且国家政治领袖甚至包括政府官员的职责是为社会公众服务，追求社会公共利益的最大化。因此根据公序良俗的原则，国家政治人物的人格身份不能商品化。因为政治人物与体育明星、影视明星不同，他们的职业使命就是为社会公众服务，一旦进入了政治界，他们即放弃了自己的隐私权和人格身份商品化的权利。社会公众只能通过政治人物表达自己的政见，不允许利用其形象为自己谋私利。①

笔者认为，这种观点是将我国特殊文化传统中“官本位”的思想融入到了人格权的概念中。在我国当前的情况下，一个人如果称为政府官员，其形象和地位就远远脱离了普通人，官位越高，这种距离越明显。但是这种状况正在与国际接轨，官员的任期制以及离职以后的平民化都是一个越来越明显的社会趋势。政府官员在位的时候，因为其身份代表着政府，所以除了公益事业之外，其不适合出席、代言各种活动或产品。但是其人格身份所含有的经济利益是不可否认的，官员离退休之后，其身份地位不再代表国家或政府的立场，因此完全可以利用其身份参加商业活动。从另一方面来说，政府官员在离退休之后，其身份也是一般的自然人，不能因其“官员的特殊身份”就剥夺其人格权的经济利益。如果说因这个经历而禁止其从事商业活动，恰恰说明我们这个社会的文化、道德水平还远远没有培育出平等的市场经济意识。

另外，我们从下文中鲁迅和戴安娜王妃两人的人格利益保护案件中可以明显看出，政治人物的人格身份也能商品化，而且这种商品化相比其他名人而言具有更大的经济价值。

我们都知道，鲁迅姓周，名树人，字豫才，小名樟寿，1918 那年，他开始使用“鲁迅”这个笔名写出《狂人日记》。鲁迅一生使用的笔名很多，“鲁迅”这个笔名是他用得最多，也最有影响的一个。也是由于这个原因，鲁迅的本名人们倒不常用，人们称呼最多的还是“鲁迅”这个名字。鲁迅的遗产分为物质（有形）遗产和精神（无形）遗产两部分。物质遗产（房产、钱财、个人遗物、知识产权等）以及鲁迅去世后由他的姓名、肖像、知识产权转化的商业物质价值，这些在法理上无异议地属于家属继承。而鲁迅的精神、思想遗产则应属于民族、全民共享，

① 郭晓红：《公开权若干法律问题研究》，中国人民大学 2007 年博士学位论文。

这部分的性质应该是公益的。

在以国家名义对鲁迅的公权和家属对鲁迅拥有的天然的、法定的私权之间，人们似乎无条件地保留了对国家名义的简单认同，而不去考虑这些使用在多大程度上经过了严格的国家审定，并且完全是用于鲁迅精神传播这样一个公益事业的，更不要说对鲁迅家属所拥有的私权的基本理解和尊重。就如国家商标局批准沈阳鲁迅美术学院可以用鲁迅的名字注册商标，鲁迅家属要以鲁迅的名字注册商标时，却说“可能会造成不良影响”加以驳回一样，凡此种种可以看出来，鲁迅家属对于鲁迅的合法私权不仅得不到基本的利益保障，甚至得不到基本的理解。

从20世纪80年代末、90年代初期开始，在我国的特殊国情下，“鲁迅”这块金字招牌无论是从经济还是政治上都得到了无所不尽其极的利用。一些与鲁迅精神传播相悖的事情也应该开始引发我们的深切思考。总体的感受是：在鲁迅的身上又多出来了两个姓：一个姓“钱”，一个姓“权”，而他的本姓“周”倒似乎有被这两个新出来的“姓”给遮蔽掉的趋势。

在短短的二十几年之内，被改姓了“钱”的鲁迅成了一个巨大的利益之源，被争抢的手段可谓各显神通、五花八门。主要表现在以下行为上：偷着使用，先下手为强（抢注鲁迅域名和商标）、蒙混过关（打擦边球、故意模糊影像）、假公济私（私人运用公共资源来谋取）、以小变大（个体变集团）、一个变俩（原本是单体，一分为二成双）、母鸡生蛋（成立子公司）等等。被商业标签化的鲁迅俨然成了一座取之不尽的“金矿”，沾边就能镀金，就能发财。

现在所有有关鲁迅的域名，诸如com、cn、net、org以及所有中文的鲁迅域名都已经被抢占一空，时间大概就在20世纪90年代初期。鲁迅家属曾经试探询问过某鲁迅域名的拥有者是否能把域名承让出来，对方开价少于20万免谈……据媒体统计，目前如“咸亨酒店”、“闰土”等热门词汇的45个类别的商标已经被抢注完毕。另外，以“百草园”作为商标的商品类别有22个，“孔乙己”有17个。如今“孔乙己”不但是茴香豆等食品的商标，还是文房四宝、长衫、陶瓷甚至是酸梅汤的品牌；“三味书屋”、“鲁镇”做成了香烟类商标；“华老栓”开了土特产商店；“祥林嫂”成立了洗浴中心。一个全球品牌价值评估报告显示：至2005年，咸亨酒店的品牌估价高达34.8亿元，而北京孔乙己酒店创办12年，没花一分钱做广告，现在全国已拥有9家分店，来客几乎必点一碟茴香豆。

2003年10月，绍兴县柯岩风景区耗资两亿元，占地150亩，造出了一个鲁迅笔下的“鲁镇”，期望“带给鲁迅的读者们一个更真切的场景体验”。与此同时，绍兴市出于同样的考虑，投资6亿元，建设了一个“鲁迅故里”，成为绍兴旅游业的王牌，门票从几元钱飞涨到近百元。“鲁迅故里”仅2008年门票收入就达3000万元，2009年要达到5000万元。媒体评述：“走进绍兴城，从鲁迅幼儿园到鲁迅中学，从鲁迅图书馆到鲁迅电影城，从鲁迅广场到鲁迅路，从孔乙己土特产店到百草园腐乳、鲁镇牌酱鸭等，几乎全城都姓鲁。难怪有人形容，抖一抖《鲁迅全集》掉个名字都是宝。”

至于滥用鲁迅姓名权和肖像权的问题，在政府的某些单位和部门中也广泛存在着以“国家的名义”制作和销售鲁迅纪念制品的传统和习惯。这些单位和部门以国家的名义使用鲁迅的姓名、肖像时，无视鲁迅家属的权利，家属甚至被告知无权过问，理由很简单也很权威，就是“我们代表国家”。而事实上，这些纪念制品无论营利与否，都是商品，进入的是流通领域。

1996年11月1日，浙江省邮票局与绍兴市邮电局以纪念鲁迅诞辰115周年为名，联合发行《纪念鲁迅115周年纯金纯银邮票珍藏折》2000套。鲁迅之子周海婴在与两部门协商未果后，于1997年6月3日向杭州市中级人民法院提起诉讼。原告周海婴诉称：公民依法享有肖像权，公民死亡后，其肖像权中的再现权和使用权应予以保护。原告周海婴作为鲁迅唯一的继承人，两被告未经原告同意，以纪念鲁迅诞辰115周年为名，以获取高额利润为目的，擅自发行纯金、纯银邮票珍藏折的商业性行为侵犯了鲁迅肖像的再现权和使用权，因此要求被告立即停止侵权，消除影响，向原告赔礼道歉，并承担诉讼费。被告在庭审中表示：他们对鲁迅和原告非常尊重，其制作发行邮票珍藏折并非“以营利为目的”，而是为了纪念鲁迅先生诞辰115周年，弘扬鲁迅精神。该案最后以调解结案，[①] 但却显示出了很多现实性的问题。[②]

从我国现行法律和理论来看，原告周海婴是很难胜诉的。人格权是一种专属权，既不能转让也不能继承，即使某些非财产权利可在特定的情况下超越死亡，发生效力，继承人也只能继承死者的财产，而不能继承死者的身份。按照传统的理论，周海婴就不可能成为鲁迅肖像权的主体，他只能以自己的精神利益受到损害提起诉讼。因此，对于未经死者继承人许可而将死者的姓名、肖像等人格特征用于商业上的行为，只要这种行为不是以侮辱、诽谤、贬低、丑化等违反社会公共利益、公共道德的方式做出的，根据人格权理论，继承人就很难获得赔偿。在本案中，被告是为了纪念鲁迅诞辰115周年而制作和发行纯金纯银邮票珍藏折的，体现了对鲁迅的尊重，因此不能说给周海婴造成了精神上的痛苦。但是，被告又明显利用鲁迅的人格因素做广告，获得了一定的赢利，那么这种行为既没有侵害鲁迅的人格权，也没有对周海婴造成侵害，它损害了谁的利益呢？如果没有，被告的行为是否就构成了不当得利，这种利益又从何而来？再进一步讲，如果周海婴也死亡了，没有继承人再以损害自己的精神利益为由对有损害鲁迅人格特征的商业化行为提出诉讼，是不是就意味着对鲁迅的各种形象任何人都可以随意使用了呢？如果可以，是不是又说明鲁迅的形象已经成为一种社会财富，但却不属于国家财富了呢？

2007年12月17日，《广州日报》发表了鲁迅的儿子周海婴、长孙

---

① 最终的调解结果是：原告周海婴对被告制作和发行鲁迅肖像邮票的目的表示理解，不再主张诉讼请求。

② 有关鲁迅案件的更多细节参阅周海婴、周令飞：《鲁迅姓什么——鲁迅遗产与法治语境》，《广州日报》2007年12月17日B6版。

周令飞的文章《鲁迅姓什么》，文中提出“我们希望全社会的人们都明白，鲁迅是属于国家的、民族的，但是，鲁迅本姓‘周’，不姓‘权’，更不姓‘钱’，鲁迅是中华民族的一面旗帜，我们的责任是护旗，绝不允许有人在大旗的庇荫下玷污他”。

文章提出，其实在消费主义文化流行的当今社会，开发“鲁迅”的经济价值是可以理解的，这是一件好事，鲁迅的家属比任何人都了解，鲁迅是人，不是神。如果鲁迅先生地下有知，看到当年落魄穷愁的“孔乙己”、“祥林嫂”们如今这样光鲜醒目，看到他笔下颓败的“鲁镇”如今这般人迹喧嚷，鲁迅先生应该会对自己能够在现代人的生活和商业中有这么大的影响而感到高兴，毕竟这不是忘却的纪念，毕竟经济上的自立也是“立人”的一个方面。

但是我们应该自问：鲁迅这个名牌怎样才能获得最有价值的推广？同样地，对于类似的产品代言人，我们要怎样才能获得收益的峰值？单纯挖掘鲁迅的经济价值无疑是一种肤浅的、短视的行为。对于目前出现的戏说鲁迅的危险，我们更应该加以引导。我们应该把更多的精力放在对其作品本身和精神世界的研究上，鲁迅的“立人”更注重的是“立精神”，但目前这一工作的力度、深度和广度还远远不够。

如何理解“鲁迅”这个名称公益部分的性质呢？文章提出应该包括以下三个方面：一、使用鲁迅精神、思想遗产不以营利为目的；二、在进入文化市场产生经济效益之后，这些所得的钱财绝大部分应当转移到文化事业的建设中去；三、最重要的一点，就是促进中国社会的进步与文化的现代转型。

鲁迅作为中国的文化名人，甚至作为政治名人，在其子孙后代尚存人世的时候，其人格的商品化就已经被列入了公共财产的范围。在国外，政治人物的人格要素同样也存在着商品化的趋势。

“我将自己视为一件放在产品架上的商品，销量相当不俗。”戴安娜生前曾不止一次揶揄自己变成了一件赚钱工具，她在1995年接受英国广播公司（BBC）采访时这样说过。戴安娜王妃死后，她依然摆脱不了这种命运。戴安娜就像一棵摇钱树，是商家、媒体、出版、收藏等领域追逐的对象。

十几年来，戴安娜的情人、保镖、演讲导师、治疗师……总是不断地有她生前的身边人出来爆料，且爆料者都会收到丰厚的回报，有人甚至想借机发财。2004 年，《每日镜报》花费 30 万英镑（53.5 万美元），从戴妃前管家保罗·伯勒尔手中购得许多独家消息。一星期之内，这份知名度并不高的报纸就售出了 100 万份。

2005 年 6 月，戴妃去世 8 周年之前，女心理医生西蒙·西蒙斯自称戴妃闺中密友。她出版新书《戴安娜最后的日子》，书中爆出了戴安娜与美国前总统肯尼迪的儿子小约翰·肯尼迪的一夜情。戴安娜的马术教练和情人休伊特，先后出版了《恋爱中的王妃》和《爱情与战争》。休伊特甚至不需要正式的工作，只靠戴妃的隐私就足以养活自己。戴妃逝世 10 周年，一本名为《戴安娜纪事》的新书在 6 月初上市。英、美两国的书商在出版前就已经争相下订单，20 万册的印量为作者布朗带来 100 万英镑的预付稿费。1997 年，戴妃车祸身亡，《风中之烛》这首歌被选为代表性的纪念歌曲，一周内就卖出大约 350 万张，成为有史以来单周销售速度最快和销售量最高的单曲唱片。到 2005 年，单曲销售量已达 3180 万张。

有估计说，戴安娜品牌行业价值为 4000 万欧元（约 4.2 亿元人民币）。走进伦敦街头的纪念品商店，印有戴安娜头像的杯子、碟子、明信片、日记本，简直是琳琅满目、应有尽有。花上 12 英镑，就可以在纪念品商店买上一枚心形钥匙链，再添 18 英镑，就可以获得一只骨瓷药盒。英国皇家纪念章也做起了戴安娜买卖。印有戴安娜头像最小的一套纪念章售价 80 英镑，最大的售价 480 英镑。在戴妃婚礼举办地温莎堡，印有戴妃画像的茶杯、毛巾、钥匙扣和明信片销售火爆。①

---

① 有关戴安娜品牌价值的更多资料参阅赵丝幪：《从知识产权到商品化权》，中国政法大学 2006 年硕士学位论文。

第二节 有关人格要素

自然人的姓名、肖像等实质上是一种符号，一种将特定的人与他人身份区别开来的符号，姓名权、肖像权等人格权利的设定就是为了使特定的人能够在人格身份上与他人相区别，不至于因人格身份上的混淆而对人格身份产生损害。

美国公开权对自然人姓名、肖像等权利的保护方式为我们从另一个角度重新理解这些权利提供了一个思路。美国的公开权首先是对这种具有区别性的人格身份符号商业性使用方面的财产价值的保护，这充分说明了人格身份权中的姓名、肖像等权利是具有内在的经济价值的。

更重要的是，美国公开权的保护范围不只是我们大陆法系中姓名、肖像等人格要素，而是自然人能够商业化的所有人格身份特征。在大陆法系中，姓名权、肖像权等权利属于独立的具体人格权类型，它们确实也能指向自然人的人格身份，但是美国公开权的范围扩大了我们对于人格身份视野的理解。凡是可以用来指示自然人身份的要素，如姓名、肖像、声音、签名等，都是美国公开权保护的范围，因此也可成为我们大陆法系人格权商品化保护的考虑范围。

在美国公开权中，大体来说，公开权的客体包括姓名、肖像、声音、签名、表演风格、显著服饰甚至能够标志自然人的虚构人物等能表明一个人身份的要素，即人格要素。只要是能够标志某一个特定自然人的要素，都属于公开权的保护对象。而且，在侵犯公开权的诉讼中，判定某一要素是否属于公开权的客体，基本的要件就是看该要素能否指示某一自然人。如果大众能够根据某一身份要素判断出是某人，该要素就属于公开权的客体，同样也应该纳入人格权的范围，这些要素在法律上被称为“可指示性要素”（identifiable element）。[①]

要明确穷尽列举能够商品化的各项具体人格要素不仅在技术上不可能，在道德上也是有争议的。下面仅就几种普遍意义上的、多数人能够接受的具体人格要素稍做论述。

一、姓名

姓名是用以确定和代表个体自然人并与其他自然人相区别的文字符号和标记。狭义上的姓名包括姓和名两部分，姓是一定血缘关系的记号，标志着个体自然人从属于哪个家族血缘系统，名则是特定的自然人区别于其他自然人的称谓；广义上的姓名包括自然人的姓、名、字、号、本名、笔名、别名、艺名、网络ID[②]和绰号等等。姓名的法律意义在于，姓名在法律上使一个自然人与其他自然人区别开来，在一定意义上是主体存在的标志，也是自然人从事民事活动、行使法律赋予的各种权利和承担相应义务的前提条件。在人格权商品化的情况下，姓、名、字、号、本名、笔名、别名、艺名和绰号等等都可以指向自然人的人格身份，甚至有的时候笔名、别名、艺名和绰号比本名更能标识一个人的身份，如“鲁迅”这一笔名就比其本名“周树人”更能代表周树人这一著名作家

① 美国学者麦卡锡分别就名人和非名人提出了判断侵权的标准。就名人来说，判断侵权的标准是“无辅助的识别”（unaided identification），即只要有相当数量的一般水平的听众或观众，通过被告未经许可的使用辨别出了原告，被告就构成了侵权。就非名人来说，判断侵权的标准是“有辅助的识别”（aided identification），即原告必须证明未经授权而使用的某些身份要素，在事实上就是指向诉讼中的原告或公开权人。详见 McCarthy，the Rights of Publicity and Privacy，section 3.4（1996 rev.）；McCarthy on Trademark and Unfair Competition（Third Edition），Chapter 28.01（4），1995。

② 网络ID是社会和科技发展到一定阶段的产物，有学者认为在虚拟的网络环境下，人们很难将网络ID与某一特定的自然人联系起来，因此其不属于姓名权的保护范围。笔者认为，尽管在现实生活中像“芙蓉姐姐”、“天仙妹妹”等有些网络ID确实是炒作的产物，但网络ID确实能够明白无误地指向某一自然人的身份。有的时候这些网络ID虽然没有良好的社会声誉，但其具有了一定的社会知名度，而且是否有良好的社会声誉是一个仁者见仁、智者见智的道德问题，并不会影响其代表的姓名的商业化，因此必须予以人格权的保护。

的身份，因此在这里指的是广义上的姓名。

姓名权的内容主要体现在三个方面：姓名决定权、姓名使用权、姓名变更权。自然人对自己的姓名享有专有使用权，未经同意他人不得故意使用。有学者认为，姓名可以转让给他人使用，[①] 这种说法不是很贴切。通常情况下，公众人物的奋斗历史通常能给人以巨大的激励作用，人们爱屋及乌的心理使姓名成为名人的象征标志之一，因此名人的姓名蕴藏着巨大的商业价值，例如李宁运动服、隆平高科、乔丹运动鞋等，名人可以将其姓名通过入股或对方支付报酬的方式获得一定的经济价值。利用名作家的笔名发表作品可以获得更高的稿费，利用著名演员的姓名可以提高票房成绩。但是这种使用属于许可使用的一种，并不是名人将其姓名转让给他人使用。如果说姓名可以转让，那么从转让成功的那一刻起，这个姓名就不能代表该公众人物，就已经丧失其人格身份特征，不属于人格权的保护范围了。

但是姓名的商业化利用最大的问题在于，很多人具有相同的姓名，易造成混淆而无法与其他自然人相区分。在美国侵犯公开权的案例诉讼中，原告就必须证明被告所使用的就是他的姓名，或者说被告所使用的姓名是指向原告自己，否则就不能证明被告侵犯了自己的公开权。

在姓名权的侵犯案例中，比较好辨别的是盗用和假冒他人姓名，较难区分的是姓名的故意混同行为。姓名的故意混同，并非一定使用姓名权人的姓名，而是可能使用了其他能够代表姓名权人姓名的因素，造成与使用姓名权人姓名同样效果的事实。因此，在姓名权的商业利益保护中，对于姓名的理解，不能仅仅局限于被告是否在字面上使用了原告的姓名，而必须将相关的因素综合起来，判断被告是否使用了原告的身份，或者有关的使用是否指示了原告。

在美国侵犯公开权的案例中，以下两个案例对如何理解“姓名”、

---

① 杨立新、黄琳、陈怡、袁雪石：《人身权法判例与学说》，吉林人民出版社 2003 年版，第 178 页。

认定身份具有重要的启示作用，分别是1979年的“赫斯克”[①] 一案和1983年的“卡森”一案。[②]

1979年的“赫斯克”一案中，原告赫斯克是一位著名的橄榄球明星，是那个时代的超级球星，并做过很多商业性广告。他在橄榄球球场上的奔跑风格非常独特，像一架飞速旋转的飞轮，因此获得“疯狂之腿”的绰号。被告是一家化妆品厂商，其在自己的产品上使用了“疯狂之腿”的名字，并且第一次促销该产品就在一次女子赛跑活动中，推出的电视广告中所使用的对“疯狂之腿”的欢呼声也同橄榄球比赛中对赫斯克的欢呼声一样。在案件审理中，被告提出没有使用原告真实姓名的辩解，法院在判决中指出：“虽然被告使用的‘疯狂之腿’是赫斯克的绰号而非他的真实姓名，但这并不妨碍原告提起诉讼。这里所需要的仅仅是，有关的姓名清楚地指示了受到伤害的个人。在这个案子的关键点上，绰号毫无疑问地指示了原告赫斯克。”法院还进一步探讨了虚构的名字和真实的自然人之间的关系，如马克·吐温的真实姓名是Samuel Clemens，马克·吐温只是他的笔名，法院指出，如果因为马克·吐温只是一个笔名，作家Samuel Clemens就不能阻止他人未经许可而将其笔名用于广告之中，那将是非常荒谬的。法院强调说：“如果一个虚构的姓名使用在某种背景之中，表明该姓名就是原告的姓名，那就强化了指示其身份的真实。”

在1983年的“卡森”一案中，原告约翰·卡森是电视节目“今夜秀”的主持人和明星，这个节目的特征是每当节目开始和卡森即将出场的时候，都会有一个拖着长音的声音说“Here’s Johnny”。因为该节目受到广泛的欢迎，因此这个特征为观众所熟知，已经成为该节目的标志。被告是一家方便厕所的出租和销售公司，公司开张时为公司取名为“这里是约翰方便厕所”（Here’s Johnny Portable Toilets）。原告于是起诉被告

---

① Hirsch v. S. C. Johnson & Sons, Inc., 90 Wis. 2d, 205 USPQ 920 (1979).

② Carson v. Here’s Johnny Portable Toilets, Inc., 218 USPQ 1 (6th Cir. 1983).

侵犯了自己的公开权。联邦地方法院认为，公开权的保护仅仅及于“姓名和肖像”，不及于像“Here's Johnny”这样的短句，并且被告没有使用原告的姓名或肖像，所以没有侵犯原告的公开权。第六巡回上诉法院推翻了地方法院的裁定，认为地方法院对公开权概念的理解过于狭窄，“如果有人商业性地利用了名人的身份，那就侵犯了他的权利，而不论他的‘姓名或肖像’是否被使用。即使卡森的姓名或肖像没有被使用，他的身份也可能被利用”。在上诉法院也有法官对此持不同意见，认为此类“短句”应该不属于公开权的保护范围，但多数法官都认为公开权的保护对象应该放在属于上位概念的“身份”上，只要能表明被告所使用的任何要素指向了原告的身份，就是侵犯了原告的公开权。这样，所有的指示个人身份的要素，诸如姓名、肖像和短句等等，都应该受到保护。

在我国，1994 年上海市中级人民法院受理了一起在国内外引起较大反响的“著作权”侵权纠纷案，之所以给“著作权”这个词加上引号，是因为这本身是一个侵犯姓名权商业化的典型案例，但在我们当前的人格权保护制度下，原告不能以姓名权、人格权的要求寻求保护，从而不得不寻求著作权、知识产权的法律救济。

该案原告是我国著名画家吴冠中先生，被告是在书画界同样享有盛名的上海朵云轩拍卖公司和香港永成古玩拍卖有限公司。1993 年 10 月，朵云轩和香港永成古玩拍卖公司在香港联合拍卖一幅水墨画（内容是毛泽东肖像和炮打司令部——我的一张大字报），水墨画的落款是“吴冠中，画于工艺美院 1962 年”。拍卖前，原告吴冠中通知两被告朵云轩和香港永成古玩拍卖公司，此画是冒用原告署名的美术作品，原告从来没有画过这样的一幅作品，希望撤下这幅作品不要拍卖。但两被告仍然将此画成功高价拍卖。原告遂向上海市中级人民法院提起了诉讼。[①] 此案案情并不复杂，原告胜诉的判决结果也不会在意料之外。但是它在法理

① 陈旭主编：《知识产权案例精选》，法律出版社 1999 年版，第 1 页。

上给我们提出了一个急需解决的问题：公民的姓名权应当适应社会形势变化，进行改革了。

此案发生后，如何判案引起了法学界的广泛关注和思考。知识产权界的基本意见认为，应以侵犯著作权立案和判决，因为在美术作品上假冒他人署名会引发评论家和公众对权利人真实著作署名的怀疑，从而降低其真实作品的市场价值，既侵害了其著作人身利益，又侵害了其著作财产利益。而且，我国当时的《著作权法》第 46 条第 7 款也规定，制作、出售假冒他人署名的作品属于侵犯著作权。

根据我国《著作权法》的相关规定，著作权是作者对于其所创作的作品享有的权利，包括人身权利和财产权利两种。著作权法保护作者在其作品上署名、发表、修改和以各种方式使用并获得报酬的权利，禁止他人对作者创作的作品擅自署名、发表、修改或以任何非法方式加以利用。可以看出，无论从哪一方面看，著作权都与作者创作的真实作品紧密联系在一起，而与假冒作者署名的赝品没有任何关系。但是在本案中，被告所拍卖的作品并不是原告吴冠中先生的真实作品，并没有侵犯或妨害原告吴冠中先生的任何一幅作品的署名、发表、修改或其他权利，原告吴冠中先生所画的任何一幅作品的著作权事实上并未遭受侵犯，因此以声誉受损并进而影响作品市场价值为由提起著作权侵权诉讼实在是难以成立。

该案事实上是一个典型的侵犯名人姓名权的案例。如果从著作权的定义和特征来看，在此案中，被告确实降低了原告其他著作可能的经济价值。然而，这种降低并不只发生在原告的著作领域内，同样也发生在原告的人格身份可能商业化的领域，甚至有可能损害原告的名誉。对原告姓名权的侵犯，同样会降低原告姓名的市场价值，降低原告姓名在其他领域的经济价值，同样也会降低其真实作品的市场价值，因此不能因降低了其著作的利益而判定被告侵犯了著作权。

在本案最初阶段，原告也是以侵犯姓名权为由提起诉讼，但是原告后来又撤诉以侵犯著作权为由提起诉讼。原告之所以以姓名权侵权起诉后又撤诉，并不是担心自己的诉讼请求得不到法院的支持，而是为了自己的合法权利能够获得最大的法律维护。因为现在的姓名权作为人格权的一种，其保护对象主要是权利人的人格精神利益，对财产利益不够重视。原告除了要切断自己与假冒署名作品的联系以维护自己的人格利益之外，还必须考虑如何能更有效地弥补自己财产上的损失，而我国现有的姓名权如果不能商业化，就做不到对权利人经济利益的有效保护。所以，原告最后才选择了著作权作为依据并最终达到了经济补偿的目的。原告吴冠中作为我国著名的画家，在书画界享有声誉，其姓名本身就具有极高的市场价值。假冒吴冠中先生署名的人创作这幅作品，无非是为了盗取其姓名的良好声誉和市场价值，以求获得更多的经济利益，而不是为了侵犯吴冠中先生的作品，只不过这是以假冒作品的形式体现出来的。从这一点上来看，姓名权的商品化势在必行。

二、肖像

肖像亦称写照、传真和写真，是指通过绘画、照相、雕塑、录像、电影等艺术形式使自然人以面部为主的外貌在物质载体上再现的视觉形象。人的肖像不仅包括脸部形状，还包括其他身体特征，如形体特征、侧影、背影、身体轮廓、指纹以及其他能以视觉感触的因素等等。肖像权是自然人以在自己的肖像上所体现的利益为内容的具体人格权，除了精神利益外，具有明显的经济利益。① 肖像权的具体内容包括专有制作权、专有使用权、利益维护权等。

关于肖像的认定，有的时候是一个十分复杂的过程。只要一种物质

① 肖像权为什么会有经济利益，有学者认为这种财产利益是从肖像的美学价值中产生的，将具有美学价值的肖像应用到市场经济中，肖像的美学价值就会转化为财产利益，创造出财产价值。我认为，不可否认很多人的肖像具有美学价值，但是更多的公众人物的肖像并没有美学上的价值，事实上，一个人的肖像是否具有价值，还在于这个自然人本身是否创造出了价值。从价值上来考虑，姓名、肖像等人格要素本身并不一定具有很大的经济价值，它们的价值大小完全取决于自然人整体的努力。

载体上的视觉形象在一般人看来能够指向某一特定的自然人，就可以认定其是该自然人的肖像，无论这种视觉形象是面部特征或是其他视觉特征。在美国，关于肖像的公开权保护方面，有时候也需要配合其他因素才能确定是否构成了对原告的侵权。在某些情况下，尽管被告使用的是他人的肖像，但该肖像如果与某一名人的肖像相似，法院也可以判断被告侵犯了原告的公开权。在美国关于肖像权的商业案例中，1978 年的“阿里”一案①、1984 年的“奥纳西斯”一案②和 1985 年的“艾伦”一案③是最典型的案例。

在 1978 年的“阿里”案中，原告阿里是世界著名的拳王，被告是一家杂志社。被告在自己的杂志上刊登了一幅图画，画面为一个裸体黑人男性坐在拳击场的一角，画面旁边配有“最伟大的”字样，而这正是公众对阿里的通常称呼用语。阿里因此起诉被告侵犯了自己的公开权。法院审理后认定，尽管被告没有使用原告的正面形象，并且还在图画下面写上了“神秘的人”，但有关的细节都表明图画中的裸体男性黑人就是拳王阿里，阿里通常称呼自己的“最伟大的”几个字也证实被告确实侵犯了阿里的公开权。

1984 年的“奥纳西斯”一案是明确使用与名人相似的肖像而被判侵犯公开权的案例。该案原告是美国前总统肯尼迪的夫人，被告在杂志上刊登了一幅广告画，使用了一个酷似肯尼迪夫人的模特的肖像。在判决中，纽约州最高法院把相似的肖像看作是指示原告身份的隐私。判决书指出，仅仅就照片来说，不过是某人在镜头前的真实写照。就肖像来说，则包含了一些传达肯尼迪夫人实质性特点和相像之处的要素。这些要素虽然不完全真实，但是却接近真实或与真实相似，而且更为重要的是，任何人都不能为了商业性目的任意使用他人的姓名或外表，任何人都不能因为使用了与原型相似，但又与原型不完全相同的姓名或外表而要求

---

① Ali v. Playgirl, Inc., 206 USPQ 1021 (S. D. N. Y. 1978).

② Onassis v. Christian Dior – New York, Inc., 472 N. Y. S. 2d 254 (Sup. Ct. 1984).

③ Allen v. National Video, Inc., 226 USPQ 483 (S. D. N. Y. 1985).

豁免。

在1985年的“艾伦”一案中，伍迪·艾伦是美国著名的电影导演、作家、演员和喜剧明星。巴拉夫是一个外貌和艾伦相似的人。被告在其所属的录像连锁店的促销广告中使用了巴拉夫的肖像，伍迪·艾伦提起了诉讼，诉因包括公开权侵权和虚假广告。由于被告在广告中使用的是巴拉夫而非艾伦的肖像，法院感到难以适用纽约州保护公开权的法律规定。法院在判决中裁定，被告的广告有可能让消费者产生混淆，认为原告认可了被告的产品或服务，或者与被告的产品或服务有关。被告在诉讼中辩解说，自己的广告使用的不是艾伦的肖像，不存在艾伦代言自己产品或服务的问题。法院则反驳说，伍迪·艾伦是一个公众人物，当他的身影出现在广告中的时候，这种现象本身就不可避免地意味着代言。法院还针对被告之一的巴拉夫下达了禁令，禁止其出现在这样的广告上，即该广告有可能让具有一般理性的人认为他就是真正的原告，或者认为原告认可了他在广告上的出现。

“奥纳西斯”和“艾伦”两个案例提出了一个很重要的问题：人的肖像，除了后天整容之外，都是天生的，就像姓名会有重名一样，肖像也会有非常相像的地方，如果按照“奥纳西斯”和“艾伦”案的判决，这就意味着在某种程度上剥夺了他人使用自己肖像的权利。而且，使用自己的肖像，从严格的意义上说并没有侵犯名人的肖像权。但是，如果任由商家使用与名人相似的他人的肖像，又会造成消费者在商品或服务认可上的混淆，并使知名人士的经济利益受到损害。

笔者认为，一些商家商业性使用与某知名人物相似的他人的肖像，其最终还是在利用知名人士对社会公众的影响力。对于知名人物与酷似知名人物的普通人的关系，应当同先申请的技术专利与后独立发明的相同技术的关系一样，尽管后发明者是凭自己的智力创作成功，但是由于已有在先申请的专利，所以其使用自己的技术获取商业利益的权利同样受到限制。同样，知名人物成名在前，与其形象酷似的普通人使用自己的形象进行商业活动时，其权利就要受到限制。

在这种情况下，是否侵犯了名人的肖像权的判断标准之一，就是是否会给消费者造成混淆。而事实上，美国的法院也正是从虚假广告和消费者混淆的可能性来加以裁判的。“艾伦”一案的法院从相似的程度出发，对两个案件都进行了诠释，“在“奥纳西斯”一案中，相似者难以与相关的名人区别开来，而广告的背景也清楚地表明他或她就是真实的名人，所以，法院可以裁定，从法律上说相似者的外貌就是原告的肖像或图画”。法院还指出，在“奥纳西斯”一案中，想象性和真实性交织在一起，几乎不可避免地指向了名人，而在本案（“艾伦”一案）中如果原告艾伦想让法院得出同样的结论，就必须说明从法律上来讲，相关的事实无可争议地证明相关的照片造成了艾伦在事实上出现在广告中的印象。法院也考虑了巴拉夫的困境，不能剥夺巴拉夫的公开权，允许他以自己的形象提供广告服务，但整体的广告背景必须完全表明他只是相似而已，表明原告伍迪·艾伦与相关的产品毫无关系。[①]

在肖像权的商业化方面，还有一个不好区分侵权行为的是关于人体模特的肖像权问题。人体模特肖像权问题的实质，仍然是一个肖像权使用的合同问题，只不过由于人体模特的特殊性，这个问题好像蒙上了一层神秘面纱。问题主要出在合同中没有约定适用范围的时候应该怎么办。在这种情况下，是将这种情况推定为同意买卖、复制、展览的默示，还是推定为不得买卖、复制、展览的禁止？人体模特的肖像使用一般是在艺术创作中使用，艺术品是基于艺术家的创作而再现生活的作品，它的生命力就在于社会的承认，它的价值在于艺术家对它的美学描述，以及公众对它的评价和认可。如果艺术品创作出来只能锁在收藏柜里，就失去了它的艺术价值和经济价值。因此，从艺术品的这一基本特性出发，可以说，人体模特同意艺术家临摹、摄影，应当首先推定其同意以其肖像创作的作品进行展览、复制和买卖。如果肖像权人即人体模特不同意上述对艺术品进行处分的活动，需要双方在肖像使用合同中做特别规定，

---

① 李明德：《美国知识产权法》，法律出版社2003年版，第405页。

那这种特别的约定就应以明示的方式对艺术品商业化过程中人体模特肖像权使用的报酬问题做出规定。

但是现在我国很多的人体艺术品创作都存在于教学创作中，很少有人体艺术创作一开始就说明是商业化的艺术品，很多艺术品都是在创作者本人出名之后才走向商业化的。而因为艺术院校的人体艺术创作属于教学使用，它的默认前提是非商业目的、局限在一定范围之内的，因此笔者认为对使用肖像权人的肖像还需分两种情况对待。一个以人体肖像为内容的艺术品，若其创作刚开始就是出于商业目的的，那么肖像权人所获得的收益中就包含该作品商业化后的肖像权使用金。如果该艺术品初始创作的目的是非商业的，那么在该作品商业化之后，肖像权人就有权从该作品的收益中获得肖像权使用金。

侵犯肖像权的责任承担因此也应该采用两种标准。第一种，对于以营利为目的擅自使用他人肖像的，应以营利的目的作为赔偿标准，无论情节是否严重，也无论使用后是否营利，肖像权人请求赔偿的，就应确定使用人的侵权赔偿责任。第二种，对于以非营利为目的侵害肖像权的，应以情节严重作为标准，情节严重、造成较严重后果的，肖像权人请求赔偿，才可以按照一般精神损害赔偿标准确定赔偿责任。①

对他人创作的肖像艺术品再进行加工创作，是否构成对肖像权的侵害？在艺术创作中，将一种形式经再创作而转化为另一种艺术形式，是被准许的，其中涉及的主要是著作权问题，即需原著作权人同意才能进行再创作。但是，当作品的内容是以人的肖像为中心的时候，这种再创作就涉及到肖像权的问题。一般来说，以人物肖像为中心的艺术品，作为临摹、创作的依据进行艺术再创作的，不构成肖像侵权，但将这种再创作的艺术品用于以营利为目的的活动时，则超越了艺术活动的范围，侵害了肖像权人的权利。当然，在这里，仍然应当以再创作的作品能否

① 杨立新、黄琳、陈怡、袁雪石：《人身权法判例与学说》，吉林人民出版社2003年版，第204—205页。

分辨出肖像权人作为是否侵权的依据，因为艺术再创作对原有作品的改动有可能是对原作品其他方面的改动，也可能是对肖像权人肖像的改动，如果是后者，并且改动程度足以无法分辨出肖像权人的身份，则新的作品已经不是以肖像权人的肖像为内容，自然无需为侵犯肖像权负责。

肖像权的另一种侵权的常见形式为对肖像使用权的转让。经肖像权人同意，肖像的特许使用人可以在约定的范围内使用，但是使用人违反约定，将肖像转让给他人使用则是不允许的。这是因为，任何肖像只属于肖像权人，而非属于他人。当肖像权人许可同意肖像使用人使用自己的肖像时，使用人只享有该肖像的使用权，而无处分权。肖像的处分权永远属于肖像权人本人，未经特别授权，任何人都不得处分他人的肖像。因此，从这个意义上说，肖像权只能是许可使用，而不得转让。

三、声音

声音权是人格权、公开权发展的产物，声音之所以能成为一项单独的具体人格权，是因为每个人的声音在物理属性上都存在差别，可以成为指示一个人身份的特征。从物理角度，声音是由物体振动产生压力波，并通过空气传播到人的听觉系统。声音是一种具有一定振荡频率的电磁波，有振荡频率、振幅、波形等物理参数或特性。正是由于每个人发声的物理部位、说话的频率、振幅等不同，每个人的声音才存在差别。因此，在特定的情况下，一个人独特的声音或者声音的风格，如演唱者独特的演唱声音、朗诵者独特的朗诵声音等，像姓名、肖像一样，也可以指示该演唱者或朗诵者的身份。[①]

声音权作为一项单独的具体人格权，是自然人自主支配自己的声音利益，对自己的声音享有的使用、处分和收益的权利。鉴于声音能作为自然人人格身份的标志，声音权应当与姓名、肖像等其他具体人格权一

---

① 杨立新、袁雪石：《论声音权及其民法保护》，《法商研究》2005 第 4 期。

样，属于自然人所享有的一项重要人格权，应该列入人格权商品化的保护范围之内。

在美国，音像制品和音乐作品都受到版权法的独立保护，但对音像制品的保护只是禁止对具有版权的音像制品进行机械性复制，并不禁止模仿，不管模仿得多么像原唱作品，都不违反版权法。[①] 因为美国司法认为发音技巧和版权法中的思想（idea）一样，都属于公共财产，不受版权法保护。[②]

但是，在美国，声音也属于公开权的保护对象。加州民法典第3344条和900条将声音列入了公开权的保护范围。具体案例方面，在早期的判决中，公开权的保护不包含声音，在这种情况下，原告只能依据反不正当竞争的规定获得法律救济，[③] 后来才逐渐将公开权的保护对象扩大到了“声音的相似”。

在声音权的保护方面，1988年第九巡回上诉法院判决的“米德乐”一案[④]是一个典型案例。原告米德乐是一位著名的女歌唱家，她的演唱声音具有独特的个人风格。被告福特公司制作了一条产品广告，使用了原告演唱的“Do You Want to Dance”作为背景音乐。福特公司虽然从词曲的版权人那里获得了授权，但原告却没有同意福特使用自己的声音。在这种情况下，福特公司雇佣了另外一名歌手，尽可能像地模仿了米德乐的声音，并将模仿的声音用在了广告之中。第九巡回上诉法院认为，被告使用的声音不是原告的声音，而是另一名歌手的声音。但是在另一

---

① 17 U. S. C. 114（b）（1988）（版权所有人的排他权并不延及到其他人创作的音像制品上，即使他们是对具有版权的录音带进行模仿的）。

② “对思想和观念的使用并没有限制……其他人享有对同一首歌以几乎完全与原唱磁带相同的方式录制唱片的自由。” Goldstein v. California，412 U. S. 546，571（1973）；“复制权并不禁止其他人对相同的声音进行‘独立的固定’”。United States v. Taxe，540F. 2d 961，975（9th Cir. 1976），cert. denied. 429 U. S. 1040（1977）。

③ 见1962年的“拉尔”一案，Lahr v. Adell Chemical Co.，132 USPQ 662（1st Cir. 1962）。在该案中，原告是一名声音特技演员，被告在自己产品的电视广告中让另一名演员模仿了原告的配音。法院认为，尽管被告偷取了原告的声音，但这不属于纽约州民权法所保护的公开权的范围，但是被告的行为侵犯了原告的某种权益，因此可以依据反不正当竞争法获得救济。

④ Midler v. Ford Motor Co.，7 USPQ 2d 1398（9th Cir. 1988）.

方面，模仿原告独特的声音和演唱风格，其效果与使用录有原告演唱声音的磁带一样，都是对原告公开权的侵犯。这样裁定并不意味着为了商业性目的的每一种声音模仿都应当被禁止。但是，当某一专业人士的声音广为人知的时候，当他的声音被刻意模仿以销售某种产品的时候，销售者就盗取了不属于他们自己的东西，侵犯了他人的权利。

在我国，随着社会的不断发展，声音权已经成为一种大量存在的社会事实，声音已经和姓名、肖像一样起到了人格要素的作用。如为唐老鸭配音的李扬的声音、主持《动物世界》节目的赵忠祥的声音、播讲评书的著名艺术家单田芳的声音等都成为他们鲜明的人格身份标志，是可以指明他们个人身份并能够实现商业化的明显个人特征。2006 年世界杯时意大利与澳大利亚的足球比赛中，黄健翔的激情演说就被某网络公司制作成手机彩铃在网上销售，只要输入手机号码，支付 2 元的费用就可以下载。该公司从销售黄健翔的解说声音中获得了巨额的经济利益，侵犯了黄健翔的声音权利益。因此，可以说我国社会已经存在着声音权保护的强烈需求，声音权作为具体人格权的种类之一已经需要列入法律保护的范围之内。

声音权的一个很重要的特征是，它是建立在现代电子科技发展的基础之上的。如上述侵犯黄健翔声音的案例，就是利用电子技术复制克隆了权利人的声音，声音克隆技术的出现加剧了声音权侵害的社会现实。声音克隆技术可以通过程序实现对个人声音的分解，然后再与别人的声音进行嫁接，以至于听到的是某人的声音而事实上根本不是他本人的情形。

声音权作为一项独立的人格权，其客体是声音利益，声音所体现的人格利益包括精神利益和财产利益，具体包含以下内容：①

---

① 有学者提出“声音录制专有权”。见杨立新、袁雪石：《论声音权的独立及其民法保护》，《法商研究》2005 年第 4 期。录音技术的出现使得声音的克隆、复制成为可能，但是声音的克隆、录制说到底还是对声音的一种使用，因此笔者认为不需再单独列出一项“声音录制专有权”。

第一，声音占有权。因为声音权是依附于人身利益并从人格权中产生，因此声音权人对自己的声音所产生的精神利益和经济利益享有占有权。

第二，声音专有使用权，就是声音使用权人对自己的声音加以使用的专有权利。声音权人有权对自己的声音以任何方式进行自我使用，并有权禁止他人非法使用自己的声音。任何人未经本人同意而使用声音权人的声音，都是对声音权人的侵权。声音权人有权将自己的声音进行商业化利用，并因此获得收益。

第三，声音处分专有权。声音使用专有权并不是绝对的权利。当声音利益表现为一种精神利益的时候，声音权不可以转让和许可使用。但当声音利益表现为一种财产利益的时候，声音权人自己可以决定是否许可他人支配、使用和处分。如声音权人可以许可他人录制、模仿其声音并从中获取利益。

第四，声音利益保护请求权。与其他具体人格权一样，声音权也是绝对权、对世权，除权利人外，其他任何人都负有不得侵犯的义务。声音利益保护请求权主要包括主动请求权和侵权请求权。主动请求权所针对的对象是可能存在的妨害行为，而不是已经发生的侵权结果。侵权请求权针对的对象是已经存在的妨害，侵权人可以请求排除妨害、停止侵害。

声音权虽然具有强烈的经济利益属性，但声音权侵权并不要求以“营利为目的”作为侵害声音权行为的构成要件。作为具体人格权的一种，声音权首先体现的是权利人的精神利益，物质利益是附属的、派生的。如果以“营利为目的”作为侵害声音权的构成要件，就意味着仅仅以物质利益是否受损害来判定行为人行为是否侵权，这样一来将导致恶意使用自然人声音的行为合法化，在这种情况下，即使权利人的精神利益受到损害也难以得到保护。因此，与其他具体人格权一样，声音权侵权行为的构成要件并不要求必须以营利为目的，营利只是考虑侵权严重程度、要求侵权赔偿的要素之一。

四、真实的体育与艺术表演形象

自然人的表演形象可以分为真实表演形象与虚构角色形象两类。运动员在体育比赛中的形象是个人真实的体现，但演员的表演就不一定如此。演员的表演可以分为两类：一类是演员在表演作品中所塑造的形象，如电影、电视剧、话剧、相声等表演中的角色形象；另一类是演员在从事与作品无关的表演、与自己真实个人相关联的形象，一个演员如果从事的是不涉及作品角色的表演，如马戏表演、魔术表演、杂技表演、体育表演等，则应属于真实表演形象的范畴。在这两类形象中，只有后一种是演员个人真实身份的标识，才可以纳入人格权商品化的考虑范围。

虚构角色形象，即创造性作品中塑造的具有个性特征的艺术形象。它通过名称、外形、经典动作、口头禅、关键短语等艺术要素，创造并非真实存在的虚拟性角色，包括人物、动物等。虚构角色包括文学角色（literary character）、视听角色（audio-visual character）和卡通角色（cartoon character）。有些学者还将作品中广为人知的片段、标题或虚构角色形象的标记、符号等形象因素作为虚构角色的象征。

虚构角色也可以分为两类：一类为作品内容与真实自然人有关的或者通过真实自然人扮演、表演而创作出的角色，如美国影星史泰龙在电影《第一滴血》中创造的特种兵兰博等；另一类为与自然人人格身份无关，完全是创造出来的虚拟形象，如欧美动画片中的米老鼠、唐老鸭、白雪公主等形象。而与自然人的人格权有关的角色权则是由自然人扮演、表演而创造出的形象。尽管两者都属于虚构角色，但是像米老鼠、唐老鸭等无论是从形式还是内容上都与自然人无关的虚构角色并没有利用自然人的姓名、肖像等人格因素，所以与人格权的商品化没有任何关联，因此我们在此只对有真实自然人扮演的虚拟形象这一部分角色权进行讨论。①

自然人的表演形象在世界知识产权组织公约中有明确规定，根据世界知识产权组织公约第 2 条（8）规定，知识产权包括以下八项权利，其中的第二项即为与自然人的表演形象有关的规定：

1. 与文学、艺术及科学作品有关的权利；

2. 与表演艺术家的表演活动、与录音制品及广播有关的权利；

3. 与人类创造性活动的一切领域内的发明有关的权利；

4. 与科学发现有关的权利；

5. 与工业品外观设计有关的权利；

6. 与商品商标、服务商标、商号及其他商业标记有关的权利；

7. 与防止不正当竞争有关的权利；

8. 一切其他来自工业、科学及文学艺术领域的智力创作活动所产生的权利。

在美国，学理上也有真实人物形象与虚构角色形象之分，其在法律上也有不同的权利形态。真实人物形象的相关权利即为“公开权”（right of publicity），是指“个人对其形象进行商业价值利用的权利”，或表述为“每一个自然人固有的、对其人格要素的商业使用进行控制的权利”。虚构角色形象的相关权利则称之为“角色权”（rights in characters），其权利指向涉及作品中的“艺术形象”，包括“在电影、电视、动画等作品中出现的人物、动物或机器人等，也包括用语言表现的作品中的虚拟形象”。

随着现代科技的不断进步，艺术作品越来越容易得到广泛的传播，艺术作品中创造出来的虚构角色形象也越来越为人所周知，将这些角色的形象用于商品或服务上，经常能够唤起消费者更强的消费欲望，从而

---

① 有人认为可以以是否由真人扮演将其分为动画片与非动画片的种类，但是动画片也有以讲述真实自然人为内容的作品，而这种作品的著作权就会与自然人的人格权有交叉的领域。

获得更多的经济利益。如在世界知识产权组织公布的虚构角色形象商品化的案例中，演员保罗·霍根（Paul Hogan）饰演了电影中名为“鳄鱼Dundee”的角色，美国一家公司将其公司名称起名为“Koala Dundee PTY Ltd.”，将其几家商店称为“鳄鱼家园”，并在店内外和其发售的体恤衫、购物袋和衣物标签上使用与角色Dundee一样的装束。而在Paul Hogan v. Pacific Dunfop一案中，角色Dundee的形象则被用于鞋类产品广告。美国的法院判决认为，这种未经授权的行为会使一般公众错误认为原告保罗·霍根许可商家使用其姓名进行商业活动，因而构成虚假陈述，应受到法律的追究。①

在我国，有学者将真实自然人的人格权、自然人的真实表演形象、虚构角色形象统统包括在一起打包，提出一个公开权或商品化权的概念统称之，② 认为形象是指表现人的思想或感情活动的具体“形状相貌”，或是指文学艺术作品中作为“社会生活描写对象”的虚构人物形象或其他生命形象。同时，将公开权分为两类：一是真实人物的形象，即自然人在公众面前表现其个性特征的人格形象，它通过姓名、声音、签名、影像等人格因素形成具有实质性区别特征的形象，以表现相应的自然人；二是虚构角色，即创造性作品中塑造的具有个性特征的艺术形象，它通过名称、外形、经典动作、口头禅、关键短语等艺术要素，创造并非真实存在的虚拟性角色。虚构角色包括文学角色、视听角色和卡通角色。③

主张公开权或商品化权的学者提出，之所以用公开权或商品化权的概念并将人格权包含在其中，就是因为人格权的范围只限于真人的姓名、肖像等人格特征以及由此产生的利益，而不包括虚构人物的人格特征。公开权或商品化权的最大特点就是其主体从自然人扩展到了包括法人在

① WIPO, Character Merchandising, WO/INF/108 4800S/IPLD. Annex 1. pp. 17 – 18.

② 也有学者将其称为商品化权。参见李丽峰、李岩：《人格权：从传统走向现代》，中国法制出版社2007年版，第六章。

③ 吴汉东、胡开忠：《无形财产权制度研究》，法律出版社2005年版，第433—434页。

内的全体“人”，能够将虚构人物的权利也包括在内。[①]

笔者认为，首先，与真实人物毫无关系的虚构形象、虚构角色，如唐老鸭、三毛等形象，甚至包括真实人物通过扮演、表演而创造出的角色形象，尽管具有一定或相当的市场价值，但始终是虚构角色，而虚构角色与自然人的人格身份属性没有任何关系，因此不属于人格权的调整范围，不是人格权的保护对象，而是属于知识产权法的调整范围，没有必要将两种不同类型的权利集中到一起“创建”一个新的权利。因此，在这里，我们首先需要明确的是虚构角色形象不属于人格权商品化的范畴，而是属于著作权的保护范畴。

虚构角色形象一般出自于受著作权保护的作品之中。虚构角色是作品的组成部分，虚构角色形象的塑造是作品取得成功的关键。因此，虚构角色及角色形象作为作者创造性劳动的成果，由著作权法给予保护应该是顺理成章的。不少国家很早直至现在仍沿用著作权法来保护虚构角色，只是其保护程度有所不同。在德国，法律界将作品角色保护问题分为角色名称与角色图像两类。关于虚构角色的名称，该国很少给予保护，因为虚构角色的名称不符合独创性要件。关于虚构角色的图像，则不得擅自使用，即使模仿也在禁止之列。[②] 在日本，法律通过一系列判例确立了对虚构角色的著作权保护。法官认为，虚构角色并不是作品本身，但在作品表现为人物或动物等视觉画像的情况下，该画面带有的著作性不止于图画本身的固定表现，还应及于所表现的人（动）物像。日本判例对角色的著作权保护限于以图形表现的卡通角色。[③] 在加拿大，以可视形式描绘的虚构角色，可以作为艺术作品给予保护。文学作品中的虚

① 参见李丽峰、李岩：《人格权：从传统走向现代》，中国法制出版社2007年版，第293页。

② 吴汉东等：《西方诸国著作权制度研究》，中国政法大学出版社1998年版，第54页。

③ ［日］《判例时报》第815号、第828号。转引自朱槟：《关于角色的商品化权问题》，《中外法学》1998年第1期；杜颖：《论商品化权》，《民商法论丛》第13卷，法律出版社2000年版。

构角色，如同文学作品本身一样享有著作权。[①]

在美国，虚拟角色通过法院判例而得到著作权保护，但文学角色与卡通角色的保护标准有较大差异。文学角色存在于语言描述之中，因此其虚构角色的“可版权性”很难认定。为此，法官分别在“Nichols”案和“Sam Spade”案中创制了所谓的“独特描述”（distinctively delineated）标准与“正被讲述的故事”（story being told）标准。[②] 前者标准较宽，凡模仿他人独特描述的角色即构成侵权；后者标准较严，只有角色构成作品全部内容的情况下才受到保护。无论标准如何，美国著作权保护已不限于作品文本，还有条件地扩及角色。卡通角色则有所不同，因具有特定化、固定化的外观形象，其本身就是一种“可版权性”的独特表述。因此法官认为，单纯的卡通角色相似即可能构成侵权。

综上所述，西方诸国对虚构角色的著作权保护具有以下特点：第一，虚构角色构成著作权客体的独特领域，但不是一类独立作品。各国多将可视角色视为美术作品，而将文学角色作为作品的组成部分，这是角色得到著作权保护的依据。第二，可版权性是虚构角色受著作权保护的重要条件。角色只有在形成特定表述时，才能脱离“思想内容”的范围，成为著作权保护的对象。在这一点上，可视角色较之文学角色更容易得到保护。第三，虚构角色拥有的诸如名称、声音、口头禅、经典动作等形象因素，往往是商品化的对象，即引起消费者联想的角色特征。但是这些特征的使用，并不是作品版权性因素的使用。

因此，虚构角色形象受到的是著作权的保护，著作权法应该因此再做扩大解释。而自然人的真实表演从其表演的技术性上来讲尽管具有知识产权的特征，但从其商业化利用的过程来看，所使用的是表演者的人身属性、人格特征，而不是其表演的技术性，因此应该纳入到人格权商

---

① 吴汉东等：《西方诸国著作权制度研究》，中国政法大学出版社 1998 年版，第 298—299 页。

② 林雅娜等：《美国保护虚拟角色的法律模式及其借鉴》，《广西政法管理干部学院学报》2003 年第 5 期。

品化的保护范畴。

五、其他各种因素的综合

公开权保护的是人格身份权中的商业价值。就人的身份来说，上述姓名、肖像、声音等等都是具体的人格身份特征，从而可以很明确地判断出来。但是在某些特殊情况下，被告可能是模糊地使用了原告的姓名、肖像和声音，而且这种模糊使用不能归于上述所列举的人格身份特征，但又可以明确判断出来能指向原告的身份，如前述的"卡森"一案中的"Here's Johnny"。甚至在更为特殊的情况下，被告没有使用原告的姓名、肖像、声音等身份要素，而是使用了原告身份之外的其他一些可以指向原告身份的因素，如原告使用的特殊的物品、特殊的装束等。在美国法院公开权的相关判例中，如果将有关的因素综合起来，明确无误地指向了原告，或者让大众意识到了原告，仍然可以判定侵犯了原告的公开权。1974 年的"毛茨"一案①和 1992 年的"怀特"一案②即属于这样的案例。

1974 年的"毛茨"一案中，原告毛茨是一位著名的国际赛车手，被告是一家烟草公司。被告拍摄了一条关于香烟的电视广告，使用了原告正在驾驶赛车的照片。虽然在照片中原告的面部特征不太清楚，但是拍摄照片时原告确实在车中。此外，原告的赛车具有独特的装饰风格，明显不同于其他车手的赛车。尽管被告对赛车做了一些轻微的改变，并且使原告的"肖像"在画面中难以辨认，第九巡回上诉法院还是裁定，依据加州的公开权法律，公开权的保护延及于原告的赛车，因为原告是一位著名的赛车手，该赛车是能指明原告身份特征的要素之一。法院还指出，初审地方法院仅仅以驾驶者难以辨认为由裁定被告没有侵犯原告的

---

① Motschenbacher v. R. J. Reynolds Tobacco Co. , 498 F. 2d 821 (9th Cir. 1974) .

② White v. Samsung Electronics American, Inc. , 23 USPQ 2d 1583 (9th Cir. 1992) .

公开权是错误的，因为它完全忽视了该赛车的独特装饰对于原告的特殊意义，被告使用的赛车的装饰性标志不仅是原告的赛车所独有的，而且能使人想到这辆赛车就是原告的，并且能由此推断驾驶赛车的人就是原告。

1992 年的“怀特”一案，是将各种因素综合起来判定是否侵犯他人公开权的典型案例，是对人格身份的一种全新诠释。原告怀特是著名的电视节目“Wheel of Fortune”的女主持人，该节目也是一个在美国广受欢迎的节目。但是，与“Here's Johnny”节目不一样的是，这个节目并没有特别明显的标志性语言等特征。被告三星（美国）电子公司为新上市的盒式磁带制作了一则广告，画面为一个拟人的机器人，头戴金色假发，身着晚礼服，佩戴珍珠项链。这是广告设计者可以模仿怀特穿着的结果。除此之外，这个机器人还站立在一块写有各种英文字母的竞赛牌子旁边，这也是模仿怀特主持“Wheel of Fortune”节目时所做的动作。

第九巡回上诉法院认为，由于被告广告中的类似机器人的形象不是原告的肖像，因此从这个角度上并没有侵犯原告的公开权。但是，该法院引证以往的判例对侵犯公开权的情况做出了进一步澄清和创制。法院指出，在“米德乐”一案中，被告使用原告类似的声音被裁定盗用了原告的身份；在“卡森”一案中，被告使用的“Here's Johnny”的短句在事实上代表了原告的身份；在“毛茨”一案中被告虽然仅仅使用了原告的赛车，并且原告的肖像虽然难以辨认，但仍然是使用了被告的身份。“这些判例告诉我们，普通法中的公开权不仅包括姓名或肖像以外的使用方式，而且具体的使用方式仅仅在确定被告是否在事实上使用了原告的身份时才是相关的。”该法院指出，在这些判例中，被告都没有使用明显的方式象征原告的身份，但被告的行为都从事实上盗取了他人公开权中的商业价值。因此，被告“如何”使用原告的身份并不重要，重要的是被告“是否”使用了原告的身份。“毛茨”、“米德乐”和“卡森”告诉我们，将使用人们身份的具体方式列在一个洗衣清单中，将公开权视为仅仅保护这个清单中的具体方式，那是不可能的。如果某一规定说，只有九种不同的使用他人身份的方法可以被用来侵犯公开权，那么这一规定不过是向聪明的广告战略家提出挑战，让他们创造出第十种方式来。就“怀特”一案来说，法院认为，被告广告中机器人穿着晚礼服，头上戴着金色假发，脖子上佩戴着珍珠项链，这与怀特及其他女性一样，并不侵犯原告的公开权。但是机器人站在字母显示牌的旁边，正在翻动上面的字母，却是怀特所独有的姿势。在“Wheel of Fortune”中，原告正是穿着如此的衣服，翻动着显示牌上的字母，从这个角度说，怀特是独一无二的。因此，如果将被告广告中的各个要素分开看，不能说被告侵犯了原告的权利，但是如果将其中的各个要素综合起来，毫无疑问广告所描绘的就是原告，被告显然是使用了原告的身份。

第五章／公开权的行使及处置／

公开权的行使是指在市场中对各项具体人格权要素的使用方式，人格要素能商品化到哪一种程度。而因为人格要素具有一定的经济属性，它是否能像财产一样占有、使用、收益或处分，则涉及到人格权的处置问题。传统的民法学人格权理论不允许对人格要素的任何商品化使用方式，因此有必要对当代人格要素的商品化路径进行探讨。毫无疑问的是，鉴于人格要素与自然人人格身份的密切关联性，它的商品化、市场化行为必须同时考虑人格的精神属性，不得对自然人的精神利益构成损害，人格要素的商品化、市场化行为因而必须受到多方面的限制。

第一节　公开权的行使

人格要素的商品化需要采用一定的方式，通过社会传媒宣传、参与社会活动才能得以实现，因此在人格要素商品化的过程中不可避免地会与著作权、商标权等相关权利发生法律关系。

一、名人的文学影视传记

名人传记是关于公众人物本人真实经历的记述，传记的所有内容都指向名人本人，因此在是否将人格权商品化这一点上毋庸置疑。在名人传记的作者是权利人本人的情况下，因为权利主体都是名人本人，因此不存在是否侵权的问题。但是在传记作者不是名人本人的情况下，就容易产生人格权与著作权的争端。在这里，名人传记的形式不仅包括传统的平面书籍的形式，还包括以影视作品的形式体现出来的各种作品。①

在美国，20 世纪 80 年代初，美国著名影星伊丽莎白・泰勒对美国广播公司和制片公司提起诉讼，指控被告以其本人的生活经历为原型拍摄了一部电视剧，侵害了她的公开权。在我国也存在同样的案例，1964 年群众出版社出版了一本关于爱新觉罗・溥仪的传记《我的前半生》，署名作者为爱新觉罗・溥仪，但实际上是由溥仪口述，提供材料，而由李文达执笔并调查核实完成的。因政治原因，李文达未能署名。该书自出版后十分畅销，至 1996 年已经印刷共计 19 次，印数高达 200 万册。1989 年溥仪的遗孀向北京市中级人民法院提起诉讼，要求确认溥仪为该书的唯一作者，并对李文达提出侵权赔偿。② 尽管我国当时还没有人格权商品化的概念，是以版权、著作权侵权为由提起的诉讼，但是这清楚地表明，公众人物的个人传记是其人格权商品化的一种形式，与著作权有着密切的关系。

"伊丽莎白・泰勒"和"爱新觉罗・溥仪"案向我们提出，能否拍名人传记，无论名人是否还在世，侵害了名人的什么权利，应如何赔偿。

二、肖像作品

肖像作品是以自然人的视觉形象为原型创作的音像作品。肖像作品著作权人对其完成的肖像作品享有人身利益和财产利益，包括肖像作品的署名权、发表权、修改权等人身性权利，也包括复制权、展览权、发行权等财产性权利。

---

① 刘得宽：《民法诸问题与新展望》，中国政法大学出版社 2002 年版，第 321 页。

② 郑成思：《知识产权论》，法律出版社 2003 年版，第 250 页。

在协调肖像权与肖像权作品著作权的冲突时，既不能片面强调肖像权的保护，也不能片面强调肖像作品著作权的保护。因为肖像权与著作权在肖像作品中的存在都有其正当性，关键还在于找到肖像权与著作权冲突的利益平衡点。但是解决冲突首先需要考虑的是肖像权的保护，在使肖像权得到充分保护的同时，应适当考虑肖像作品著作权的保护。因为肖像权是重要的人格权利，它是人与生俱来的人格权利，较著作权具有更强的人身性，体现了公民的人格尊严和精神利益。而著作权是通过思维创造而产生的一种权利，虽然也具有人身性的特点，但更具有财产性的特点。

但是反过来考虑，肖像权优先考虑并不代表肖像权人可以随意对肖像作品进行商业使用。我国《最高人民法院关于审理著作权纠纷案件适应法律若干问题的解释》第 12 条即规定：在肖像作品的著作权属于受托人的情况下，委托人（肖像权人）在约定的范围内享有使用作品的权利；双方没有约定使用肖像权作品范围的，委托人可以在委托创作的特定目的范围内免费使用该作品。除非有约定或经著作权人的同意，否则肖像权人以营利为目的使用或不当使用肖像作品便构成侵权，侵犯肖像作品著作权人的著作权，依法承担法律责任。

三、商标与商号

知名人士的人格身份形象进入市场以后，所含有的经济价值能够增强企业的竞争力，可以成为市场经济中市场主体的有力竞争武器，所以也会成为市场主体各种不正当竞争行为的追逐对象。

真实人物的姓名、肖像等等人格要素只要具备商标注册要求的显著特征，并且不违反商标法禁用条款，都可以申请注册商标。如肯德基就是以其创始人桑德斯（Sanders）上校的肖像作为注册商标的。我国的商标法规定：“任何能够将自然人、法人或其他组织的商品与他人的商品区别开的可视性标志，包括文字、图形、字母、数字、三维标志和颜色组合，以及上述要素的组合，均可以作为商标申请注册。”但是，在使用自然人的姓名方面，我国的相关法律规定在商号登记上只能使用投资人的姓名，不允许使用他人名称作为公司商号。国务院《企业名称登记管理规定》第10条第3款规定：“私营企业可以使用投资人姓名做字号。”国家工商行政管理总局《企业名称登记管理实施办法》第15条规定：“企业名称可以使用自然人投资人的姓名做字号。”上述两条规定都只是允许使用投资人的姓名做企业商号或商号的核心文字，而未规定可以使用投资人之外的自然人姓名做商号。尽管法律并未禁止使用投资人之外的自然人姓名做字号，但从其本意及实践中的使用来看，目前确实只允许使用投资人的姓名做字号。

在商标法上，自然人的个人形象因素之所以能成为商标权客体而受到保护，依据的是第二含义理论。第二含义理论是商标法上的概念，在美国是指某些描述性或通用性字词经过长时间的使用，在消费者头脑中已经不再是它们的字面含义，而是代表有关商品或服务的提供者，能够揭示商品或服务的来源。[①] 与第二含义理论相对应，在商标法领域构成对形象因素的侵权使用，其依据则是“混淆理论”。根据各国条约以及各国商标立法通例，对一般商标侵权的判定采用的是混淆理论。法国、德国、意大利等国法律规定，未经商标权人同意并可能在相关公众中造成混淆，他人不得在商业活动中于同种或类似商品或服务上使用与该商标相同或近似的商标。

首先，商标权保证其主体对注册商标的专有使用权和转让权，也就是说商标权人可以自己使用该商标，也可以将其转让。这样，对于出让自己的姓名、肖像等人格要素作为商标的自然人来说，受让人在获得商标权的同时，就获得了对商标中包含的形象特征的独占使用权，商标权人还可以许可他人使用其商标，包括附着于商标之上的各种形象特征，自然也包括出让人的形象，而出让人对商标权人的这种行为不得提出

① 李明德：《美国知识产权法》，法律出版社2003年版，第339页。

异议。

其次，商标权人还有权禁止出让人在相同或类似的商品上再许可他人使用相同或近似的形象特征。商标法不仅禁止第三方使用相同或近似的形象特征，而且对形象的出让人也应该有这种限制。凡未经许可擅自使用的均属于侵犯商标权的行为。商标权人发现其专有权被侵害时，有权请求法院发布禁令，命令出让人停止侵害，并要求赔偿损失。

对于驰名商标，对出让人的这种限制可能范围还要更广泛一些，因为驰名商标适用的是驰名商标的反淡化理论。传统商标法规定商标权人只能禁止他人未经许可在相同或类似商品上的使用行为，淡化理论却不限制驰名商标所有人行使这种禁止权的商品范围。因为淡化理论关注的重点不是假冒商标而导致的消费混淆，而是商标本身的价值不会被削弱。淡化行为除了包括将与驰名商标相同或相近的商标使用于非同类的商品或服务上之外，还包括将其使用于商标之外的其他商业标识之上，如服务或商品的通用名称、商号、域名等商业标识。根据美国《联邦商标反淡化法》，商标淡化主要来自两个方面：冲淡和玷污。所谓冲淡，是指非权利人将驰名商标用于其他行业无竞争关系的商品上，从而弱化了驰名商品与其商品的特定联系的行为。所谓玷污，是指非权利人将与驰名商标相同或相似的商标使用在可能对驰名商标的信誉造成损害的商品或服务上的行为。此外，美国的司法判例并不排除还有其他会淡化驰名商标的方式，如对一个具有竞争关系的驰名商标的嘲弄有可能会损害该商品的销售，这也是一种应予禁止的淡化行为。[①] 对驰名商标的这种超强度保护既是对商标的保护，同样也是对商标中使用的人格要素的保护和限制。

商标权法仅能对已注册商标中的名人形象提供保护，对于未注册商

---

① 苏珊·瑟拉德：《美国联邦商标反淡化法的立法与实践》，《外国法译评》1998 年第 4 期。

标和商号中的名人形象的保护，则需要通过反不正当竞争法予以调整。假冒未注册商标的行为只要符合市场混淆行为的要件，就都可以不正当竞争行为论处。同样，如果他人未经商号所有人的同意，将该商号作为自己的商号使用，也构成不正当竞争行为。

知名人士的个人形象同时可以成为商品名称或包装、装潢的一部分。商品名称有通用名称和特定名称，通用名称用来标识商品的类别，而特有名称则是个体商品独有的称谓，用以与其他同类商品相区别。为了显示商品的独特品位，提高商品在社会公众中的知名度，经营者往往会利用名人的姓名、绰号等作为商品的特有名称使用。同时，别有心裁地将某个知名人士的立体形象用作商品的包装，获得商业成功的机会也很大。商品的装潢是为了识别和美化商品而在商品或包装上附加的文字、图案、色彩及其排列组合。相比商品的名称和包装，装潢的形式是最丰富多彩的，最有使用名人各种形象的需求。真实人物的个人形象可以通过文字、线条、色彩等在商品的装潢中体现，至于使用的知名人士的形象要素，则既可以是姓名、签名，也可以是肖像，甚至可以是其特定的标识。

《保护工业产权巴黎公约》第10条规定："采取任何手段造成对竞争对手的企业、商品或工商业活动的混淆"都是不正当竞争行为，世界知识产权组织国际局的《反不正当竞争示范法》第2条第2款第6项明确将知名人物列为尤其容易产生混淆的对象，并认为该条规定涉及到知名演员、媒体或体育名人以及其他知名人物的"知名权"。在美国，专门对冒用真实人物形象宣传商品或服务的行为进行规制的法律是《兰哈姆法》。《兰哈姆法》是美国1946年颁布的联邦商标法，但内容并不限于商标法，也是制止不正当竞争行为的重要法律。该法第43条（a）的规定保护个人形象免受未经授权的商业盗用或模仿。如果自然人的声音、姓名或肖像被无端冒用，可以依据该法按虚假行为起诉。只是在这种情况下，原告必须证明被告对其形象的商业利用误导了消费者，使其分不清原告是否对被告的商品持支持或赞许的态度。①

第二节　公开权的处置

既然人格要素具有一定的经济属性，公开权主要保护的是财产利益，那么人格要素在商品化过程中能否像财产权一样被转让、继承或者以其他方式进行处置？对于这个问题，不同的学者有不同的看法。就大陆法系的人格权制度而言。人格要素具有强烈的属人性，自然人的人格权完全与人格主体本身相始终，自然人死亡，其权利终止。因此，自然人的具体人格权因为与身份是密切相连，是不可转让的。

鉴于这种情况，有学者提出，普通人格权的人身专属性太强，以至于难以与主体分离，因此提出商事人格权的概念。商事人格权就是将人格权的经济利益从普通的人格利益中剥离出来并相对独立，从而可以达到转让的目的。如个人的肖像在普通人格利益范畴中是无法转让的，但是当肖像被商品化、进行商业利用后，肖像的作用就不再仅仅是人格的标识，还能够产生金钱利益，称为另一种属性的人格利益。这时就可以采用授权许可等方式将这一意义上的肖像利益转让给他人。自然人以其姓名做商号也是如此，同时拥有姓名权和商号权，作为姓名权，不能转让，作为商号权，则可以转让给他人。② 但这个观点似乎存在一个悖论：虽然“商事人格权”是因为普通人格权的人身专属性太强难与主体分离，才将人格权的经济利益从普通的人格利益中剥离出来而新设的权利，但它毕竟还是“人格权”，理应放入我国的人格权法体系中，并具有人

---

① 在 Waits v. Frito – Lay, Inc 一案中，歌手 Tom Waits 以冒用声音和虚假表示起诉被告及其广告代理 Tracy – locke，其理由是被告在其商业广播中刻意模仿原告颇具特色的“刺耳歌喉”。该案上诉法院就认为，对名人形象未经授权的使用属于商业标识的滥用。这些商业标识是诸如视觉形象、声音模仿以及其他独特区别性特征的符号，可能使消费者对原告是否或赞成该产品混淆不清。978 F. 2d 1093 （9th Cir. 1992）。

② 程合红：《商事人格权论》，中国政法大学 2001 年博士学位论文。

格权的人身属性，然而如此一来便又违背了另设权利的初衷，所以是否可行值得商榷。

一、授权许可使用

自然人人格权在商业使用中的转让只能以授权许可的方式进行，即许可他人对自己的姓名、肖像等人格要素进行商业性使用，被许可人由此获得对该人格要素进行商业使用的权利。这种授权许可的方式，是人格权商业化的一个特点，也可以称之为相对转让。被授权人并不因授权许可而称为人格权的权利人，也不取得任何可以排除或对抗他人或其他被授权人的权利。

在美国的公开权制度中，公开权可以转让给他人，即把公开权的所有权转让给他人，这种转让可以是继承，也可以是基于合同的转让。公开权也可以许可给他人使用：既可以是普通许可，许可给许多家使用；也可以是独占性许可，只许可一家使用，不再许可给他人。因此，有资格享有权利、提起人格权侵权诉讼的就有公开权人、公开权的受让人（包含继承人）和公开权的被许可人。根据纽约州民权法的规定，公开权的许可必须采用书面许可，如果公开权人是未成年人，则必须获得其父母的许可。加利福尼亚州和其他州的公开权法则没有书面许可的要求。公开权的许可可以要求被许可人对产品或服务进行质量控制，也可以没有这种要求，但是公开权人既然从这种权利中获益，就应该为这种权利承担责任。

大陆法系国家中，德国理论界提出了“限制性转让”的观点，认为被授权人所取得的授权是由本体权利（母权）所分离出来的部分权利内容（子权），两者之间具有一定的关联，被授权人取得的授权能够对抗第三人，但其本体权利仍然保留在人格权人处，以确保人格权主体的利益。而且一旦分离的子权归于消灭，权利内容即自动回复到人格权人身上，而不需要有任何返还的行为。[①]

我国《民法通则》第100条规定："公民享有肖像权，未经本人同意，不得以营利为目的使用公民的肖像。"该规定强调了"本人同意"这一要素，其他关于人格权的保护、使用方面也以"本人同意"作为基本要件。这就带来一个问题，如何处理授权许可中的再次授权许可，即每次人格权要素的授权许可使用是否都需要权利人"本人同意"？我国民法通则第100条的"本人同意"的默认含义指的是，只要未经权利人同意使用其肖像就属违法，肖像使用权的授权许可只能具有债权效力，不能再继续转让下去。这就意味着任何人使用他人的人格权要素商业化，不论是直接获得使用，还是通过他人获得使用，也不论这种使用是否有偿，都必须经过人格权权利人的许可。这种规定，对被许可人不利，也不利于人格权要素的商业化发展，应当借鉴美国法中公开权的转让制度和德国学理中承认授权许可的物权性效力的观点，承认人格权商品化中的被授权许可人有权自行决定是否可以再转让他人，再次授权许可第三人使用。作为对人格权权利人的保护，再授权许可合同中被授权许可人应对自己的再次授权行为承担相应的责任。

二、继承与转让

在现在的人格权理论中，自然人的人格权始于出生，止于自然人死亡。在自然人生存的时间内其商品化的人格权应该受到保护，在这一点上是没有任何争议的，但是自然人死亡后其人格权的经济利益是否还应该受到保护，保护期限又是多久呢？在这个问题上仍然存在着很多争议。

很多学者从人格权权利和利益都归属于特定主体出发，认为自然人死亡后，其人格权益也随之消亡。但是社会现实中，自然人虽然已经死

---

① 谢铭洋：《智慧财产权基本问题研究》，台湾国立台湾大学法学丛书（117），1999年，第54—59页。

亡，其姓名、肖像、名誉、荣誉、隐私等人格利益并不必然随之消逝，而是继续存续一段时间。在美国的公开权制度中，也并不是说公开权在主体死亡后也消逝了。美国的公开权制度规定，原公开权人死亡之后，其公开权仍可以在一定期限内继续存在，在该期间内，公开权由其继承人享有。

对于有些公众人物而言，对于像孔子、毛泽东这样的历史著名人物而言，其人格权利益会存在成千上万年，甚至可能会永世存续。因此，否定自然人死亡后人格利益的继续存在是不合适的。

那么，自然人死亡后，其人格利益还有哪些继续存在呢？自然人死亡后，其人格身份的物理性权利，如生命、健康、自由等权利消失，自然人本人作为主体享有的姓名、肖像、名誉、隐私等权利的精神利益也应该消失，但其继承人作为主体所享有的姓名、肖像、名誉、隐私等权利的精神利益仍然存在，而自然人人格权中所包含的经济利益则会一直存在下去。

我们先看一个关于人格权继承的案例：王秀珍诉北京崇文松堂关怀医院等肖像侵权案。

原告王秀珍之母孙静岐 1997 年 10 月去世，生前曾在被告北京崇文松堂关怀医院住院治疗。在被告医院住院治疗期间，被告曾为原告之母拍摄一张照片。1999 年，被告在北京市公共交通总公司第七客运分公司 110 路汽车车厢体刊登广告，广告中印制了上述为被告之母拍摄的照片。王秀珍等姐妹四人以松堂医院未经其母亲生前同意，亦未在其母去世后征得家属同意即擅自在广告中使用其母生前照片，侵犯其母亲肖像权为由，以松堂医院和公交广告公司为被告，向北京崇文区人民法院提起诉讼。

被告松堂医院在答辩中提出：一、原告之母孙静岐已死亡，她的肖像权的权利主体亦因死亡而消失，王秀珍等四姐妹不具备诉讼主体资格。二、同时肖像者本人死亡后其近亲属对肖像享有何种权利没有明确法律规定，因此并未侵犯死者孙静岐的肖像权。

法院判决认为：一、被告松堂医院即未取得原告之母生前授权同意，亦未在其死亡后征得原告等亲属同意便将死者生前照片用于广告宣传，其行为侵害了原告的合法权益，理应承担法律责任。二、公交广告公司作为广告的经营者，未在刊登广告之前对原告之母肖像的合法性进行审查，违反了《中华人民共和国广告法》有关“广告主或者广告经营者在广告中使用他人的名义、形象的，应当事先取得他人的书面同意”的规定，亦构成对原告之母肖像权的侵犯，亦应承担相应的法律责任。因此做出判决：一、被告不得再使用原告之母的肖像广告；二、两被告以书面形式向王秀珍等四姐妹赔礼道歉；三、双方将上述广告的复制版交法院销毁；四、两被告分别赔偿原告四姐妹精神损失费 3000 元、1000 元。①

在这个案例中，法院认为被告的肖像侵权行为侵害了死者亲属的权利，而不是侵害了死者孙静岐的权利，并将此作为被告承担侵权责任的理由，应当说这一思路是正确的。然而遗憾的是，法院并不能说明被告侵犯了死者亲属的什么权利，这种权利从何而来。而且，被告使用原告已去世亲属的肖像做广告，首先侵犯了原告的精神利益，同时也说明该肖像具有经济价值，被告也侵犯了一种经济利益。但囿于法律的规定，法院不能确定这个经济利益的归属主体，因此判决只注意到给原告造成的精神痛苦，只承认了对原告精神利益的保护，而未承认对这种经济利益的保护。

在美国，早期的判例都不认为公开权能够继承，接受公开权可以继承经历了一个认知的过程。在早期的相关判例中，由于公开权起源于隐私权，受隐私权保护期限的影响，公开权的保护期限仅限于自然人的有生之年。在美国，公开权多是作为一种财产权来对待的，因此随着公开权保护范围的逐渐扩大和对公开权认知的逐步深入，大多数法院依据确认公开权可以在权利人死亡后由他人继承或受让，可以在公开权人死亡

① 邓宏光：《论公开权》，西南政法大学 2002 年硕士学位论文。

后继续得到保护。

在公开权的保护方面，美国有些法院曾经提出过这样一种观点，即只有当公开权人在活着的时候曾经商业性地利用过自己的身份，他的公开权才能够在死后获得保护。[①] 这种观点很快在加利福尼亚州、佐治亚州、田纳西州等州引起了反应。加利福尼亚州立法机关很快制定出了新的公开权法律：一是修订了加利福尼亚州民法典第3344条，即原来的公开权法律；二是制定了新的第900条，专门规定了公开权人死亡后公开权的法律保护问题。加利福尼亚州民法典第900条有两个特点。一是明确规定了公开权的保护期。公开权人死亡后，其公开权可以获得50年的保护。显然，这有可能是参考了知识产权继承的相关规定。二是明确规定，无论某一自然人在生前是否在产品、商品上，或产品、商品中，或为了广告或销售的目的，或为了吸引他人购买产品、商品或服务的目的，使用了他或她的姓名、声音、签名、照片或肖像，其公开权在死亡后都受到保护。在田纳西州也遇到了同样的问题，立法机关和州法院很快就通过立法和司法判例予以了纠正。[②]

佐治亚州则是利用保护马丁·路德·金的案件否定了上述观点。[③] 按照佐治亚州的判例法，没有关于自然人死亡后公开权保护的规定，佐治亚州最高法院认为："某人虽然在生前没有利用（自己的形象），在其死亡后，他的形象仍然可以获得保护以排除他人的利用。毫无疑问，金博士在生前可以使用自己的姓名和肖像。他不想利用这种机会，选择不

---

① 这种观点以加利福尼亚州最高法院1979年"卢戈斯"一案（Lugosi v. Universal Pictures, 25 Cal. 3d 813, 205 USPQ 1090（1979））为代表。在这个案件中，著名影星卢戈斯死亡后，他人未经过任何方面的同意而商业性地使用了卢戈斯的身份，卢戈斯的继承人因此而提起公开权诉讼。加利福尼亚州最高法院裁定，由于卢戈斯生前未商业性地利用过自己的身份，因此不享有公开权，其继承人也没有继承其公开权，因此没有主张公开权的依据。

② 田纳西州的变化源于1980年该州第六巡回上诉法院判决的"孟菲斯"一案，在该案中，法院依据田纳西州的普通法明确裁定，不存在自然人死亡后的公开权保护问题。参见Memphis Development Foundation v. Factors Etc. Inc.，205 USPQ 784（6th Cir. 1980）。

③ 1983年第十一巡回上诉法院的一个案件中，被告未经许可而制造和出售已故民权运动领导人马丁·路德·金的塑料半身像，马丁·路德·金的继承人提起了公开权诉讼。

以某种方式使用自己的姓名和肖像，并不表明他人有权利以某种方式使用他的姓名或肖像。这也没有剥夺他的家人和继承人控制、保护和延伸他的地位和声誉的权利，也没有剥夺他们防止他人未经授权而以他们认为不合适的方式，使用他的肖像的权利，我们不能仅仅因为金博士在生前选择不去使用或商业性地利用自己的身份，就剥夺他们的这种权利。[①]因此裁定，公开权在自然人死亡后的保护不以其“生前的利用”为前提。

在美国，公开权与隐私权盘根错节的一个必然结果就是引发有关公开权可继承性的争论。众所周知，作为普通法系的代表，美国并没有像大陆法系国家那样建立了有关人格权法的缜密理论和法律体系，但是隐私权属于个人精神权利的一种却是无可争辩的共识，侵犯隐私权所造成的损害也主要是精神痛苦。公开权作为一种无形财产权虽然已获广泛承认，但传承于隐私权，它也是和个人的人身紧密相连的，可以说公开权保护的就是附于个人身份之上的经济价值。然而如果囿于隐私权似的人身专属性，则必然导致公开权不可继承、不可转让。以纽约州为代表，用隐私权法律来保护公开权的州至今不承认公开权的可继承性就是这个道理。

在今日的美国，公开权已在28个州获得法律的承认，其中18个州实现了公开权法的成文化。[②]然而一个不争的事实是，尽管近五十年来随着美国大众传媒的迅猛发展，公开权的理论研究和法制化进程也获得了长足的进步，但由于联邦政府尚未就公开权制定任何统一的法律，对公开权的保护仍停留在州法的层次上，并多以普通法的先例形式予以保护。受制于各州不同的名人文化、经济水平和认识差异，各州对公开权保护可以说是参差不齐。在对待死者的公开权继承这个更为敏感的问题

① Martin Luther King, Jr., Center for Social Change, Inc. v. American Heritage Products, Inc., 216 USPQ 711 (1982).

② Jeffrey Richardson, Michigan Needs a Statutory Right of Publicity, 86 MI Bar Jnl. 26, September (2007).

上，各州更是存在巨大的分歧。除了像纽约州这样根本不承认死者公开权的州以外，即使在承认死者公开权的少数州内，对于死者公开权的承继方式、范围和存在年限等等都规定不一。当事人在发生案件纠纷时，往往会不遗余力地选择诉讼法院，以期适用对己方最为有利的州的法律。

在大陆法系国家，关于人格权能否继承和转让的问题，也存在诸多争议。德国联邦最高法院原则上认为，人格权的专属性决定了人格权不能转让，但在德国的某些判例中也承认肖像权等可以转让。随着姓名、肖像等某些具体人格权在广告中的应用，人们越来越认识到，这些人格权具有重大的经济价值。而德国学术界也开始反对将人格权和财产权完全对立，并且强调某些人格权是可以转让的，可转让与否不再是划分人格权与财产权的标准。德国宪法法院就德国基本法第 14 条所做出的判例也明文指出，享有财产价值的权利并不以可转让为前提。①

在我国，对死者人格权利益的继承保护范围，有学者认为应该有一定的标准，其标准是：第一，这种死者人格利益是能够保护的；第二，这种保护是确有必要的；第三，这种保护不至于对他人的行为自由设置过多的限制。依据上述标准，我国最高人民法院规定的死者人格利益的保护范围包括死者的姓名利益、肖像利益、名誉利益、荣誉利益、隐私利益以及遗体、遗骨的利益，这个范围内的人格利益就比较合适，除此之外的死者人格利益就不再予以保护。② 确实，上述所列举的基本上已经包括了现阶段需要保护的死者人格权，但是从美国公开权的发展历史来看，市场经济所创造出来的人格要素是不断推陈出新的，具体的人格权权益是不能列举穷尽的，因此笔者认为对于死者的人格权利益保护不宜做出太多限定，只要是死者人格权利益的保护主体提出的主张，在符合社会环境的情况下都应该予以保护。

---

① BVerfG vom 9. 1. 1991，774，775，转引自王利明：《人格权法研究》，中国人民大学出版社 2005 年版，第 278—279 页。

② 杨立新：《中国人格权法立法报告》，知识产权出版社 2005 年版，第 206 页。最高人民法院《关于审理名誉权案件若干问题的解答》第 5 条规定，对死者名誉的保护可以及于死者的姓名、肖像、荣誉、隐私、遗体、遗骨。

死者的人格权利益由谁来继承和保护呢？这个问题牵涉到对人格权商品化的定性，即人格权的商品化利益是否就只属于自然人本人。在这个问题上存在两种观点。第一种观点认为自然人死亡后，其人格权主体已消亡，因此人格利益就成为社会利益，应该属于国家和社会。“死亡公民的人格利益，应由公法来保护。公民死亡后，有些人格利益已当然消灭了，例如生命权、健康权，还有些人格利益转化为社会公共秩序和公共利益的组成部分，比如名誉、肖像等人格利益，对这些人格利益的侵害就是对公共秩序和公共利益的侵害，应当受到刑法、行政法等公法的追究，不存在私法救济的问题。”① 也有学者认为，死亡自然人的姓名、肖像、名誉、荣誉、隐私等人格利益，在本质上应当属于死者的利益，完全以公法进行调整显系不当。而且，公法调整不存在损害赔偿问题，侵害死者人格利益常常伴随着损害赔偿，如侵害死者的肖像、隐私等获利，如果不以私法进行调整显然无法解决。因此，应采用死者的人格利益保护人的制度，规定死者的近亲属就是死者人格利益的保护人，直接享有保护请求权，并且应该像继承法一样规定两个顺序，第一顺序为死者的配偶、父母、子女，第二顺序为祖父母、外祖父母、孙子女、外孙子女、兄弟姐妹，第一顺序的保护人缺位，第二顺序的保护人才能够行使保护人的权利。② 但是他们也认为，有些时候，死者人格利益的归属是要属于公众或国家的，例如国家领袖、历史人物等等，他们死后的人格利益由国家进行保护，其中的财产利益由国家承受。

---

① 薛虹：《非财产损害刍议》，《现代法学》1994 年第 5 期。

② 杨立新：《中国人格权法立法报告》，知识产权出版社 2005 年版，第 204—206 页。

第六章／公开权与相关民事权利的比较／

作为一种“新生”权利出现的公开权，与许多已知的民事权利存在着复杂的关系：一方面既有千丝万缕的联系，另一方面又不乏明显的差异之处。本书第二章探讨公开权的定性问题时，事实上已经涉及到公开权与一些相关民事权利的比较，本章的目的就是进一步深化、细化该类比较，使我们对公开权的性质和功能产生更深刻的理解。

第一节　公开权与隐私权的关系

一、公开权与隐私权的联系

在美国法中，公开权与隐私权可以看作是一对孪生兄弟，公开权与隐私权是相互对应的，公开权“既附属于隐私权，又独立于隐私权”。它们存在很多相同点，例如从权利主体来看，对于公开权所保护的主体范围，尽管以前存在很多争议，很多学者和判例都主张其主体只限于知名人士，甚至到现在仍有这种观点，但现在多数学者都主张公开权的主体是所有自然人，一切非自然人的法人、社会组织、团体均不能成为公开权的主体，从而与隐私权的主体范围是一致的。

但是，关于隐私权和公开权的对象和客体，则存在着一种比较大的误解。在美国有学者和判例认为，公开权和隐私权都以公民的个人隐私材料作为对象或客体，因此公开权和隐私权是完全对立的，隐私权是对自然人隐私的保有，而公开权则是对隐私的公开，故二者呈现反比例关系：自然人保守自己的隐私越多，则他的公开权就越少；相反，如果他公开自己的隐私越多，则其所保有的属于自己的隐私就越少。隐私权的内容就必然不是公开权的范围，公开权调整的内容就必然不能作为隐私得到保护。甚至有判例认为，作为公众人物，就意味着放弃了其个人隐私权，其自愿将个人隐私暴露给公众，只享有公开权。[①]

这种讲法是对美国公开权的一种误读。按照他们的理论，既然公开权与隐私权分别是“个人”愿意公开和不愿意公开的事项，那么即使在社会道德条件一定的情况下，隐私权与公开权的范围也是不确定的。某些事情对于某些人来说属于隐私，同样的事情对于另外一些人来说反而说不定是希望公开大众、人尽皆知的迫切希望。

隐私权与公开权并不是完全对立的，隐私权不一定具有商业价值，而公开权一定涉及具有商业价值的与人格身份有关的要素。正如有些学者所言，对于名人来讲，他们确实已经习惯了将自己置于公众的镁光灯之下，名人的生活不是因为与世隔绝受到保护，而是通过自己在公众媒体的不断曝光而建立知名度，增加其自身的商业价值。但这并不意味着名人就必须要或者愿意放弃自己的隐私权，以曝光自己的隐私权来增加知名度，提高公开权的使用价值。同样对于一般民众而言，他们也有成名的强烈欲望——现代媒体中大大小小的《飞黄腾达（the apprentice）》《超级女声》《梦想剧场》等选秀节目就是对此最好的说明——这也就意味着他们不一定愿意死守自己所谓的隐私权，有时他们并不会觉得自己的隐私受到侵害而感到尊严受损或者精神受创，相反会故意创造“炒作”的素材来曝光自己，提高自己的知名度，“没有绯闻的名人不算名人”，对于很多想成名的普通人来讲，“不受打扰的权利”反而是他们不

---

① 我国也有学者受此影响，认为公开权的对象或者客体就是公民的私生活内容，如不为他人知晓的经历、身体本身的隐秘、私人文件和其他个人信息等。参见张新宝：《隐私权的法律保护》，群众出版社 1997 年版，第 111 页。

愿意看到的。

其次，公开权确实是从隐私权中发展出来的。在社会现实中，往往公众人物的公开权具有更大的经济价值，人们也总是乐于对名人的私生活津津乐道——要不然也不会出现娱乐八卦的专业节目，但是这并不意味着公开权的客体就是公开个人的隐私。诚然在现代社会以前，囿于社会发展和道德水平，姓名、肖像等很多在现在看来不属于隐私权的内容在当时都被列为隐私权的范围，但是隐私权的内容具有社会观念性，隐私权的内容不但因公民所处时代、国家的不同而有所不同，还因公民个人身份地位的不同而有所差异。在现代社会，姓名、肖像等很多人格权的内容都已经不是隐私权的范畴。事实上，可以这么说，公开权与隐私权有交叉的区域，公开权的客体范围可以包含个人隐私，在现代社会中，不乏有人将个人隐私商业化以获取利润。但人格权的很多内容已经不能列入隐私，公开权的很大一部分也不是隐私。如果到现在还认为姓名、肖像等人格权属于隐私权，那可真是社会的一大退步了。

二、公开权与隐私权的区别

虽然公开权起源于隐私权，但公开权与隐私权又是截然不同的两种权利。隐私权是保护个人的尊严和自尊，防止他人侵入自己的私生活，损害自己的自尊和尊严。公开权则是保护个人身份中的商业性价值，禁止他人商业性地利用自己的身份，造成自己经济上的损失。从美国的案例来看，在侵犯隐私权的案件中，法官所关注的是对人的尊严的损害，损害赔偿的数额也是依据精神损害的程度来确定的。而在侵犯公开权的案件中，法官所关注的是对权利人身份中的商业性价值的损害，损害赔偿的数额是依据市场损失的程度来确定的。隐私权与公开权并不是完全对立的，它们的内容有交叉的领域，在某些特定的情况下，侵权者的行为可能既侵犯了他人的隐私权，也侵犯了他人的公开权。例如，未经许可而将一个无名人物的姓名或肖像用于广告之中，宣传或推销劣质产品，一方面这会侵犯他的隐私权，因劣质产品会影响到他的名誉，另一方面未经许可而商业性地使用了他的身份，造成了他的经济损失，侵犯了其公开权。

对于公众人物，在公开权的早期判决中出现过这样一种论点，即名人的出名即意味着他放弃了自己的公开权和隐私权，这种观点是不准确的，而且也极容易迷惑人的眼睛。1970 年“乌勒德”一案①中，被告就提出，原告在新闻媒体中频频出现，任何人都知道其姓名，都可以获得有关他的资料，这意味着原告的姓名或相关资料已经进入公有领域，原告已经放弃了寻求救济的权利。针对这种观点，此案的审理法院指出，这是混淆了隐私权与公开权的区别。就公开权的保护来说，一个人的姓名或者肖像仅仅是因为以往的披露，因为公众对该姓名或肖像的认可，才变得具有商业价值。“如果裁定这种公开性破坏了（原告）针对他人盗用其姓名或肖像而提起诉讼的权利，就会否定所有的诉因。因为只有公开披露和公众接受，某一名人的姓名才具有了价值，并且可以由此而制止未经授权的使用。”尼莫教授在“隐私权”一文中也说：“原告成为著名人物，绝不意味着对于公开权的放弃。事实上，只有当原告（或者潜在的原告）已经获得了某种程度的知名身份时，公开权才会变得重要起来。”②

1977 年美国最高法院在“萨奇尼”一案中探讨了公开权与隐私权的区别，尤其是公开权与普罗瑟教授隐私权中的“误导性灯光”的不同。③法院的判决说，侵犯公开权与隐私权是非常不同的。首先，在两种侵权诉讼中，法院保护的利益是不同的。在“误导性灯光”的诉讼中，国家

---

① Uhlaender v. Henricksen, 316F. Supp. 1277. （D. C. Minn. 1970）.

② Melville Nimmer, “The Right of Publicity”, Law & Contemporary Problems 203 （1954）.

③ 1960 年，普罗瑟（Prosser）教授发表了著名的文章“论隐私”（Privacy），界定了隐私权的范围和类别。在文章中，普罗瑟教授将侵犯隐私权的行为分为四类：1. 侵犯了原告的独处权；2. 公开披露原告的令人窘迫的私人生活；3. 在公众面前将原告置于误导性的灯光之下；4. 盗取原告姓名或肖像中的商业价值。参见 Prosser, “Privacy”, California Law Review, 383 （1960）。

所保护的是原告的名誉，与诽谤中的精神痛苦相似。而在公开权的诉讼中，国家所保护的是个人的财产权益。“正如我们后来指出的那样，这里的国家利益与专利法和版权法的宗旨极为相似，关注的是个人从劳动中获得收益的权利，与情感或名誉的保护没有什么关系。”其次，在未经许可而向公众传播信息方面，两种侵权的程度是不同的。在“误导性灯光”诉讼中，保护相关利益的唯一方式是，尽量降低损害他人的信息的传播，而在公开权诉讼中，唯一的问题是确定谁有权利公布或发表有关的信息。最高法院最后指出，就像本案的原告一样，杂技演员通常并不反对将它们的表演广泛传播，但前提条件是获得相应的商业性利益。事实上，本案的原告并不禁止播放他的表演，他只是通过损害赔偿的方式来寻求播放的报酬。①

因此，隐私权与美国的公开权相比，具有以下几个方面的一些联系与区别：

第一，两者在权利性质上是不同的。隐私权的立法目的在于保护权利人人格的精神利益，公开权则是为了保护权利人人格身份的财产利益。隐私权强调的是精神利益，而公开权强调的是财产利益。但是，侵犯一个人的人格权，有可能既侵犯了他的隐私权，又侵犯了他的公开权。

第二，在权利行使方面，隐私权在存在形态上具有防御性和被动性。权利人行使隐私权主要是为了保护还属于隐私部分的人格权利，维护私人的生活空间不受他人侵扰。而公开权则是通过公开人格身份的部分内容、放弃人格权的部分权利来获取相应的财产利益，因此是一种积极性的权利。

第三，在继承和转让方面两者有区别。隐私权的客体属于权利人保密的内容，因此除了不得公开，也无法获利、转让和继承。而公开权的客体必须是公开的，其目的是为了营利，因此在一定程度上可以转让和继承。在这个问题上，传统的大陆法系人格权理论认为人格权具有专属

① Zacchini v. Scrips – Howard Broadcasting Co. , 205 USPQ 741 (1977) .

性，不能转让和继承，因此认为公开权不属于人格权的范围。关于这一点将在后面详细论述。

第二节　公开权与商标权、著作权和专利权的关系

一、公开权与商标权

从某种意义上说，公开权与商标权有密切联系。商标权保护的基础在于对象的识别功能，形象特征中可受保护的因素即是其可识别的因素。诸如人物的姓名、肖像等，只要具有显著特征，并且不违反商标法禁用条款，即可以申请注册并取得商标权。但是并非所有知名人物形象都可以注册为商标，必须符合“第二含义”理论。在这种情形下，自然人的姓名或肖像就具有了双重含义。一方面，他的姓名或肖像具有指示他本人的作用，这是他的姓名或肖像所具有的原始的或主要的含义。另一方面，他的姓名或肖像又具有指示商品或服务来源的作用，这是他的姓名或肖像所具有的“第二含义”。[①] 这就是说，知名形象可以视为知名人物的商标，是知名人物人格魅力的标志，而且在实践中知名人物可以把自己的知名形象注册为商标，用商标法来保护，如著名体操运动员李宁把自己的姓名“李宁”注册为商标，邓亚萍把自己的姓名“邓亚萍”注册为商标。从公开权来说，每个人都天生具有自己的姓名和肖像，天生享有公开权。从商标权来说，只有极少数的人可以将自己的姓名或肖像用为商标，并由此而获得商标权。当然，当一个人就自己的姓名或肖像既享有公开权，又享有商标权时，如果他的姓名或肖像受到侵犯，他或者可以从公开权的角度主张自己的权利，或者可以从商标权的角度主张自己的权利。这是从不同的角度，用不同的权利来保护同一个客体。然而，

---

① 李明德：《美国知识产权法》，法律出版社2003年版，第339页。

二者所具有的不同之处更为明显：[①]

1. 保护客体不同

公开权的保护客体是自然人的人格形象，而商标权的保护客体是商标，即具有显著性的标志，其中包括具有“第二含义”的知名形象，但不限于知名形象。

2. 保护期限不同

公开权的保护是有一定期限的，为公开权利人终生加死后一段时间。从某种意义上说，商标权的保护也是有期限的，一般为10年，但是商标权可以续展，每续展一次，商标权的保护期延长10年，而且续展次数不受限制，因此在某种意义上讲商标权可以得到永久性的法律保护。

3. 侵权构成的要件不同

公开权的目的是保护自然人的经济利益，补偿公开权人在知名形象的塑造过程中所付出的劳动，因此只要他人未经公开权人的允许，商业性使用权利人的形象，并且造成权利人经济利益的损害，就侵犯了知名人物的公开权。而商标权的目的是通过权利人对自己商标使用的控制，避免消费者对商家所提供的产品或服务产生混淆，从而保护消费者的合法权利。因此，若商标权人主张他人侵犯自己的商标权，那么他必须证明他人使用商标的行为对消费者产生混淆的可能，而公开权则不需要。

二、公开权与著作权

文学艺术作品可以满足人类的精神需求，作品的传播和利用可以给创作者带来名誉和物质利益，为了使作者的这两种利益得到满足与保障，

① 郭晓红：《公开权若干法律问题研究》，中国政法大学2007年博士学位论文。

著作权保护制度得以产生。著作权亦称版权，是指作者或其他著作权人依法对文学、艺术和科学作品所享有的各项专有权利的总称。文学艺术和科学作品是著作权产生的前提和基础，是著作权法律关系得以发生的法律事实构成。文学艺术和科学工作者要把自己的情感或自然的、社会的科学研究心得传达给别人，就必须借助于一定的符号体系，把感情和思想赋予一定的文学和艺术形式。这种形式是沟通作者和其他社会成员的桥梁或纽带，也就是作品。作品是一种形式，艺术传达美，而任何艺术都是诉诸于形式给人以美的感受的。公开权同样存在着艺术美的表达，也正因为存在这种能够唤起人类内心的美的追求与享受，才产生了知名形象的经济价值，所以在唤起人类内心对美的执着上，公开权与著作权是相通的，但也有本质的区别：①

1. 保护的客体不同

公开权是指法律赋予知名人物控制其人格要素商业性使用的权利，是对真实人物形象的保护，而真实人物形象包括权利人的姓名、肖像、声音等具有独特性的人格特征要素，尽管对它们进行了包装，但这人格特征要素仍然是知名人物本身所固有的。而版权保护的是文学、艺术和科学领域中具有独创性的作品，其中也包括知名人物所创作或表演的角色形象。在这里，笔者认为虚构角色形象与知名人物形象不同，它具有独创性，应为版权所保护。而且，有学者也认为公开权保护的知名形象具有现实性，而且没有被版权所覆盖，一旦二者发生冲突，应采取版权优先的原则来解决。

2. 保护的目的不同

根据财产劳动成果理论，公开权的目的是补偿知名人物在创造知名形象的过程中所付出的劳动，保护知名人物对自己知名形象所享有的经

① 郭晓红：《公开权若干法律问题研究》，中国政法大学 2007 年博士学位论文。

济利益。而版权表面上是保护作者对自己作品的精神权利和经济权利，但本质上是为了鼓励创作，促进社会文化的传播。

3. 保护的期限不同

版权保护是自动的，自作品创作完成之日即自动受到版权的保护，无须申请与注册，而且保护期限一般为作者终生加死后50年。而公开权的保护则不同，虽然自然人的知名形象的塑造是一个漫长的过程，但是自然人一出生就具有公开权，只是自然人死亡后的保护期限在目前情况下还无法确定。

4. 保护的方法不同

受版权法保护的作品必须具备一个必要条件——独创性。“独创”与“抄袭”虽意义相反，但其中的界限在实践中不易分清。法律对版权的保护主要是通过区分“独创”与“抄袭”来实现的。划分独创与抄袭的标准是“程度”。客观对象经过复杂过程进入主观，再经过一系列的复杂过程，生成新的形象体系，独立地完成这个逻辑和实践活动，即属于独创；在他人创作基础上进行继续创作是演绎创作，重复他人创作是抄袭。公开权的客体是一种形象价值，法律对其保护并不是以禁止物质表现上的“抄袭”为限，不管具体的物质表现形式如何，只要行为人未经权利人许可盗用形象价值获利就构成公开权侵权。

三、公开权与专利权

专利权是法律赋予专利权人对其获得专利的发明创造在一定范围内依法享有的专有权利，是知识产权法律制度中的一项重要内容。从专利制度的产生和发展可以看出，不同时期的专利制度，对促进科学技术的发展，保护发明创造者的利益，协调因发明创造的投资、收益、利用及转让而产生的各种社会关系，维护商品经济秩序均具有巨大的积极作用，且对整个人类社会的进步起了巨大的推动作用。从这个意义上来看，专利权制度和公开权制度在制度的设计上是相同的，都是为了保护个人的发明，鼓励保护这种权利的经济利益。具体来讲，专利制度中的外观设计专利是与公开权最相近的一项。依据我国《专利法实施细则》第2条的规定，专利法上的外观设计，是指对产品的形状、图案或者其结合以及色彩与形状、图案的结合所做出的富有美感并适用于工业应用的新设计。由此可以看出，构成外观设计的是产品的形状、图案或者其结合以及色彩与形状、图案的结合，所以对于某些知名形象的外形或者其他特征，如果符合外观设计的构成要件，完全可以将其申请为外观设计专利，通过专利制度来保护。但是，作为专利制度的外观设计与公开权仍然存在许多不同点：[①]

1. 保护的客体不同

外观设计保护的客体是产品的形状、图案或者两者的结合以及色彩与形状、图案的结合，并适于工业应用。公开权的客体是真实人物的人格要素特征，这种特征是权利人本身所具有的，大多应用于商业，是权利人对其形象特征的商业利用。

2. 保护的期限不同

外观设计保护有一定的期限，这与专利制度的特点分不开，赋予专利权人一定时期的垄断的权利，最终是为了将这样的利益交给社会，变成社会的财富。所以，对于专利制度中的发明、实用新型和外观设计，都规定了相对较短的一定期限。外观设计的期限为10年。而公开权的期限却相对较长，一般在权利人生前及生后的一定时期都会享有。

3. 保护的重心不同

依据我国现行法，外观设计要求必须具有美感，外观设计的功能只

---

① 郭晓红：《公开权若干法律问题研究》，中国政法大学2007年博士学位论文。

是为了美化产品，它仅是对具体产品的形状、图案、色彩或其结合所做的外表设计，目的在于满足人们对产品在视觉和感官等精神方面的要求，吸引人的注意力，丰富消费者的生活，陶冶消费者的情趣，从而增强产品在市场上的竞争力。而公开权制度并不要求权利的对象必须具有美感，这种所谓的美感因受众客体的不同而不同，但只要能因此而使得知名人物在社会公众中产生影响，就意味着其具有经济价值。

第三节 公开权与反不正当竞争法的关系

反不正当竞争法在规制违反市场秩序，损害其他生产经营者和消费者利益的市场行为方面，起着任何一项单行经济法律都难以替代的调整作用。在与知识产权相关的市场保护方面，它也可以起到“兜底”保护的功能，许多从现行实体权利制度出发无法解决的新问题，也许可以在这里找到合理有效的对策。就人格身份商品化而言，反不正当竞争法也的确可以发挥很大程度的规范作用，但是由于受立法目的和调整方式的限制，其中也存在很大的局限，因而反不正当竞争法无法独立地完成调整人格身份商品化现象的任务。

首先，反不正当竞争法不是一种民事权利保护法，而是一种市场秩序维护法，它对公开权的调整表现出很明显的公法色彩。这突出表现为反不正当竞争法大量存在的行政法规范甚至刑法规范，显示出一种以公权力干预私经济生活的立法模式。

一般而言，市场竞争主要涉及市场经营者相互之间的经济关系，按照传统部门法的分工理论，这可以由私法调整。私法以调整市民生活关系为己任，奉行自由放任政策，广泛采纳意思自治和契约自由，对任意性规范较为倚重。这种方式在富有效率的自由竞争时代是颇为流行的，但是到了垄断资本主义时期，随着不正当竞争行为的泛滥，市场机制越来越难以发挥正常的调节功能。在这种情况下，国家才不得不考虑凭借公法的手段干预经济生活。正因为如此，反不正当竞争法突破了传统的私法调节模式，转而采纳大量的公法规范，其立法目的也从保护合法民事权益转变为维护市场竞争秩序，促进国民经济的健康稳定发展了。不能否认，在反不正当竞争法中仍然存在许多私法规范，但受立法宗旨的限制，这种私法规范的重心已经从原先的保护市场主体合法权益转变为维护市场竞争的效率和公平，因而也带上了一些公法的色彩。

由此可知，虽然反不正当竞争法客观上能够起到规范公开权相关主体之间私的经济关系的作用，但这种调整其实是站在维护市场经济秩序的立场上的。受这个结论的影响，人格身份商业性使用的现象中凡是与市场竞争秩序有关的内容，才可能在反不正当竞争法中加以规定，与此无关的则不需规定。正因为如此，反不正当竞争法中不可能囊括人格身份商品化现象方方面面的关系，其调整范围也就受到了限制。笔者认为，人格身份商业性使用首先是一种私法行为，应当由私法对所涉利益的分配和保护进行专门的调整。在此基础上，如果该行为影响到市场竞争秩序，再以反不正当竞争法进行调整，这样才不至于让人格身份商品化染上过多的公法色彩。

其次，反不正当竞争法并不扩充识别性标识的积极权利，它所提供的保护是通过设定的“禁用”范围来防止外界对利益的侵蚀，是一种事后救济式的消极调整，无法保障利益的积极实现。

严格来说，反不正当竞争法对社会关系的调整并不以相关权利的设定为前提，只要存在合法利益，并且当这种利益被他人侵害时，反不正当竞争法才可以发挥作用。如在商标领域，未注册商标并不拥有商标专用权。但是毫无疑问，未注册商标只要在一定的地域范围内取得较高的知名度，就会具备一定的财产价值。这种利益除了能为商标主带来可观的经济收入外，还可能成为其他市场经营者觊觎的对象。按照我国《民法通则》的规定，这是一种合法的民事权益，应当受到法律的保护。当商标法无法从正面的权利角度为此提供保护时，反不正当竞争法就可以从诚实信用、防止不正当竞争的角度禁止他人侵犯。当合法利益超出原有权利的保护范围，从而可能被他人非法利用时，反不正当竞争法也可以进行补充调整。如驰名商标的特殊保护其实就是一种典型的反不正当竞争法的调整模式。

自然人，尤其是知名人士的人格身份利益，从民法的角度看，它也是一种合法的民事权益。毫无疑问，反不正当竞争法能够以自己特有的方式防止该利益被他人非法侵害，如禁止他人假冒与人格身份有关的知名商标，假冒与人格身份有关的商品名称、包装和装潢，甚至于直接禁止盗用知名人格身份。被侵害人也可依据反不正当竞争法获得经济赔偿。由于反不正当竞争法兼具公法和私法双重性质，其对人格身份利益还可以采取公法手段进行保护，如采取行政措施、实施行政处罚等，这比私法意义上的侵权责任更具威慑力。但是，自然人对人格身份利益的期望，除了禁止他人非法侵害，以及从侵害索赔中获得经济赔偿之外，更多地寄托于通过自己的行为积极实现该利益。而在法律上，权利给人们提供的就是这种积极的自由。只有赋予一种利益以相应的权利，权利人才能通过自己使用、许可他人使用以及权利转让等方式使这种利益变为现实中的财产。然而，反不正当竞争法恰恰在这一点上显得无能为力。因此，正如反不正当竞争法的存在不排斥商标法、人格权法、商业秘密保护法等实体权利法一样，在自然人人格要素商品化的问题上，不管这部法律的管辖范围有多宽，仍然有待于其相应的实体权利法加以调整。

再次，人们对反不正当竞争法的保护范围在认识上和实践上存在歧义，这在很大程度上可以影响其对人格身份商品化的调整力度。当前对反不正当竞争法上的竞争关系的一种典型理解是，竞争关系是指商品之间具有替代关系（相同或者近似的商品）的经营者之间的相互争夺竞争机会的关系。商品互不相同、不具有替代关系的经营者之间不存在竞争关系，不会发生不正当竞争行为。尽管有学者对此提出了批评，认为从大多数国家来看，不正当竞争行为是一种违反商业道德或者诚实信用的行为，其适用范围是非常广泛的，并不局限于竞争关系的界定，① 但是具体到人格要素商品化领域，究竟应当采取广义的竞争关系观点还是狭义的观点，问题的答案并不是那么清晰。如，当知名人物的肖像、签名、具有特色的声音被他人盗用时，相关主体之间是否存在竞争关系就颇费思量。如果立法机关将反不正当竞争法的调整范围仅仅局限于狭义的直接竞争关系，那么没有参与商品经营的许多人格身份拥有者都无法归入其保护范围。当反不正当竞争法只能涵盖商品化行为的被许可人时，商品化人格身份的原始主体所能获得的保护强度将远远弱于人格身份的实施许可主体，这种状况无疑会使得利益均衡难以实现。

最后，反不正当竞争法所要求混淆的标准在人格身份商业性使用中也十分难以把握。如前所述，反不正当竞争法对公开权的调整主要是通过确认市场混淆行为而实现的。混淆的对象也不限于商业来源或出处，它包括对指示商业关系的任何东西的混淆。但是有些人格身份商业性使用行为不含有任何推荐或指导消费的成分，人格身份拥有人也从来未曾涉足商业，人格身份的使用可能纯粹用于增加美感。在这种情况下，将其与市场混淆联系起来就显得十分牵强。

我国《反不正当竞争法》立法时间不长，对公开权的调整除了上述局限性之外，在具体制度的设计上仍有待补充和完善。例如，该法第 5 条规定，只有假冒、仿冒注册商标、知名企业特有的名称、包装、装潢，以及他人的企业名称、姓名的，才予以禁止。对于假冒这些商品标识之外的与人格身份商品化有关的标识，即使产生市场混淆的后果，也无法认定为不正当竞争行为。这种规定实质上是在商品标识的种类上采取法定主义，明文限定商品标识的范围，使得标识的范围过于狭窄，实践中已无法满足对人格身份商品化的法律保护需求。又如，该法第 5 条规定的主要目的在于维护识别性标识作为商业符号在市场中的信号作用，维

① 孔祥俊：《反不正当竞争法中的竞争关系》，王利明主编：《判解研究》2000 年第 2 辑，人民法院出版社 2001 年版，第 61 页。

持它作为核心资源的竞争价值，防止他人“搭便车”等不诚实行为和不公平竞争，所以立法保护就应当强调其业已形成的商业符号价值，而不应当以注册、登记作为要件。

第七章／公开权的限制与主体责任／

在美国，公开权并不是一项绝对的权利，正如纽约州法院的一个判例所说："在公开权获得认可的地方，公开权并没有赋予某一名人这样的权利，即为了金钱的目的而控制社会公众对其姓名或肖像的每一次使用。应当受到禁止的是未经授权的，为了广告目的而与产品销售相关的使用。所以，'公开权'与'隐私权'一样……当某一姓名或肖像的使用是与公共事务或公众利益相关联时，应当裁定该权利是不适用的。因为这类使用是受到宪法保护的，必须超越任何个人的关于金钱的考虑。即使是那些主张广泛认可公开权的人，对此也予以承认。"①

美国公开权的行使被限定在"商业"的范围内。但是何为"商业性使用"，美国的立法和判例也很少能对其下一个明确的定义，伊利诺伊州《公开权法案》对"商业性使用"的范围界定为：1. 为许诺销售或销售产品、货物或服务而使用；2. 为广告或推销产品、货物或服务而使用；3. 为筹款目的而使用。但更多的案例都从反面角度将非商业行为排除在公开权的保护之外。正如在 Stephano v. News Group Publications 一案②中法院所指出的那样，"（商业性使用）这个术语不应当解释为包括对具有新闻价值的事件或具有公共利益的事件进行出版、发行。"具有新闻价值的事件不仅仅指政治事件或社会趋势，还包括新奇的故事和消

---

① Paulsen v. Personality Posters, Inc., 59 Misc. 2d 444, 299 N. Y. S. 2d 501 (1968).

② Stephano v. News Group Publications, 64 N. Y. 2d 174, 485 N. Y. S. 2d 220, 474 N. E. 2d 580 (1984).

费者的兴趣，即使在被告获得经济利益的情况下，也不一定就构成商业性使用，“被告可能通过使用原告的照片增加了发行量并由此获得了利润，但这种事实并不意味着被告是基于商业目的而使用了原告的照片。事实上大多数出版物都想方设法增大其发行量和利润。决定是否具有新闻价值是由文章的内容而不是被告的动机或增大发行量的基本目的”。

同样，大陆法系的人格权也不是一项绝对的权利，人格权的商品化无论是从它们的产生来源、财产性属性还是言论自由、新闻自由的角度而言，都受到一定程度的限制。从总体上讲，人格权的商品化受到两个因素制约或决定：第一，社会的宗教道德发展水平决定哪些具体的人格权不能够商品化；第二，社会的科技发展水平决定哪些具体人格权能够实现商品化。在近代社会之前，社会的科技水平发展较低，道德水平也较低，姓名、肖像等我们现在看来可以商业化的具体人格权当时却不能商品化，而处于社会底层的人们的生命、健康、自由等我们现在看来属于基本人权的人格权却被大量地商品化。

总之，无论是公开权抑或是人格权的商品化，其行使和发展程度都既受制于科技发展水平和社会道德发展水平，也受制于其本身性质的限制。此外，公开权或人格权商品化的主体在享受权利为自己带来的巨大经济利益的同时，也必须为营销自己的人格身份所产生的社会效应承担相应的社会责任。公开权或人格权“如果没有这种限制，就没有人能够在未获得许可时对名人或政治公众人物写‘未经授权’的传记或历史小说”。①

第一节 公开权受社会道德的限制

从人格权的范围来讲，并没有一个具体标准确定哪些具体的人格权

---

① Amy D. Hogue，Image Consulting，Intellectual Property of Supplement to National Law Journal，20（Feb. 12 1998）.

可以商品化而哪些不可以，但人格权的商品化是受到一定的限度和规则限制的。人格权的商品化首先不得超越现行社会所通行的道德所能接受的界限，不得损害个人的其他利益。例如，原则上越接近人格利益核心的物理性人格利益，如生命、健康、自由、尊严等，不只是人格权的内容，而且已经属于人权的内容，是不应该而且不能商业化的。现实社会中尽管存在着一些售卖人体器官的行为和现象，但这是古代社会余毒的残留，除人体器官的捐赠之外，各国法律都对以人体物理属性为对象的权利予以禁止。联合国人权公约还要求个人不得主动放弃。除此之外，那些非人身性、物理性的而是与社会接触有关的人格利益，如姓名、肖像、名誉、信用、隐私等所包含的经济利益内涵较多。

在不同的社会发展阶段，囿于道德水平观念的不同，人们对人格身份特征的哪些内容能够商品化的认识是不同的。在西方，从原始社会直至工业革命之前的道德一直都反对自然人人格身份的商品化，占据西方思想统治地位的基督教更是将利息作为一种“罪”进行宣扬。直到近代，除了宗教上的原因外，善于商业经营的犹太人更是因其商业化而受到其他社会群体的排斥，甚至被视为异类受到迫害。在这种情况下，整个社会以言商为耻，何谈人格身份的商品化和具有经济属性，人格权的商业化这种理论只能被视为异端。中国的儒家文化传统中到现在为止仍然有“君子喻于义，小人喻于利”的说法，因此人格身份的商品化受到的阻碍更大。但是随着社会道德的变化，可以预见很多原来被认为不可能商品化的人格身份将越来越被社会所接受。

不仅如此，即使同处于一个时代，地域不同，道德水平不同，科技水平不同，能够商品化的具体人格权也不同。伊斯兰教国家和传统的天主教国家可能就很难接受将人（尤其是女性）的肖像进行商品化，而麦当娜在美国的肖像权的价值则是以亿为单位来进行计算的；在欧洲与前世界足球先生罗纳尔多有过绯闻的女性可以将其隐私出售获得经济利益，东方的儒家理念则斥之为不道德、不知羞耻、有伤风化。

第二节 公开权既是自然人的个人财富，也是社会财富

对死者人格利益的经济价值的保护，就是对其财产利益的保护。公众人物的人格权受到某些限制，根本原因就在于其活动的广泛性和公开性。在其死亡后，其人格利益在很大程度上归属于公众和国家，应当首先满足公众和国家的需要。例如，使用公众人物包括领袖、著名人物、历史人物等的姓名命名学校、图书馆、公益机构等的，就是公众使用，对此死者的近亲属不应当予以干预。

在美国，公开权之所以能够获得承认，完全是社会信息媒体发展的产物，也是社会公众热情追捧的产物。新闻媒体在整个“制造名人”的过程中起着至关重要的作用。媒体和观众才是在赋予名人形象以特定的含义中起创造性作用的角色。从某种角度说，正是媒体让人们相信，公众人物应该对他们的人格身份拥有支配权。在美国的公开权侵权纠纷中，被告人经常提出的理由就是，其对已死亡的自然人的姓名、肖像等的商业性利用行为，属于美国宪法第一修正案所赋予的言论、出版自由。在公开权的继承方面受到的限制标准即是，如果对死者人格要素的使用是为了向公众报告信息，则该行为受宪法第一修正案的保护；如果使用是为了娱乐目的，则公众获得文化上的利益也要求该使用行为获得宪法第一修正案的保护；如果使用具有商业或广告目的，那么也并非不受宪法第一修正案的保护，而且在该使用具有提供消息的价值时，它还能够得到较多的保护。当使用死者人格要素是为了促销时，宪法第一修正案才不再适用。可见，并不能完全以是否商业目的来作为限定的标准。

然而，公众人物既然也是社会创造出来的，因此围绕着公开权就一直有两个矛盾。其一，对于有社会大众参与而产生的某一公众人物的公开权的价值，是归于社会大众，还是由该公众人物独享？其二，对于由社会大众参与制造而由公众人物代表的某些文化概念或现象，社会大众

是否拥有话语权？

首先必须肯定的是，大部分名人的人格身份具有经济价值是因为他为此付出了劳动努力，尽管这种劳动在其名声获取的过程中所起的作用是有限的。名人的名声很多情况下是自己劳动所得到的结果，即使对于那些因偶然因素而出名的人来讲，正如并不能因彩票中奖而获得巨额财产的偶然性就否认其合法性一样，名人照样对其个人形象拥有排除他人未经许可而进行商业性使用的权利。

但是，从另外一方面讲，名人的劳动也确实是建立在他人劳动的基础之上的。事实上，整个人类的文明都是建立在前人的知识与财产基础之上的。名人的名声既是个人努力的结果，也是社会和大众支持的结果。美国学者曼德尔（Madow）以爱因斯坦为例指出，爱因斯坦在美国迅速地成为名人，说明了以下几点：首先，一个人能赢得公众普遍的喝彩与关注，他所取得的成就并不起决定性的作用，而是更多地取决于公众的需要与兴趣。其次，即使是目前看来伟大的人物，他们成为名人的过程也含有重要的偶然因素在内，曼德尔重点强调的一点，就是媒体在此过程中起到了关键性作用。媒体选择了爱因斯坦，部分原因是为了媒体自身的利益；爱因斯坦幽默的性格、奇特的相貌甚至爱拉小提琴都易于使他受到公众喜爱并作为“科学天才”受到关注，最终使报道的媒体随之受益。媒体的这种选择不仅发生在科学艺术界，在娱乐界及社会其他领域也有体现。媒体为了自身的迫切需要不停地寻找甚至制造名人作为代言人，以吸引公众，传达信息，进而使公众产生对其广告的产品的消费需求。

因此曼德尔认为，在当今的“名人产业”娱乐业，名人的产生仍然不能全部归属于名人及其包装团体的劳动。一个名人无论如何努力地维持、谨慎地控制或塑造自身的形象，媒体和公众总在其中起着重要的作用。公众虽然不能使媒体形象呈现出他们所喜好的任何涵义，但是他们可以从中选择体现自己的感情、价值观的形象。实际上，公众直接地、积极地参与了名人形象的塑造过程。因此，一个名人对其形象的塑造并不能与木匠制造一把椅子相提并论，因为他不是唯一的作者。其中偶然性不可避免，媒体与公众的创造性劳动不容抹煞，名人形象毕竟是一件复杂的社会性的作品，在此过程中名人及其行业的劳动（时间、金钱、策划等）只是一种成分，而且常常不是主要的成分，名人形象的涵义及其经济价值并不取决于他本人，而是取决于具有不同需要和利益的集团及个体赋予他何种意义以及做何种应用。因此，一个名人比如麦当娜对她的形象并不能像一位木匠对他的椅子那样宣称："我制作了它。"既然名人不能作这样的主张，那么他也就不能对其形象价值主张独占权。[①]

从另外一个方面来考虑，公开权对名人的过度保护会加大社会成本。首先从社会发展看，可能会加剧体育界和娱乐界人力资源的过剩。现代社会媒体已经成为"名人制造工厂"，在制造名人的过程中并不是完全公平的。在运动界和娱乐界的成功本来就很容易使青少年误认为它们是最好的职业，从小就沉醉于影星或球星的梦想中，以为自己将来一定能成为麦当娜或贝克汉姆。实际他们获得的信息并不完整，"一将成名万骨枯"，从事各个行业既需要个人的努力，也需要一定的天赋。娱乐和体育界也不例外，媒体的曝光让他们只看到了成功的一面，而没有看到娱乐、体育界中那些默默无闻、终日为生计而奔波的无名之辈。其次，从社会的经济分配结果上看，对公开权的过度保护会使名人的价值和收入增加，但这些成本最终都会通过社会的分配体制转移到消费者身上，从而进一步加剧体育界、娱乐界和其他行业中名人与普通大众之间的收入差距。

既然名人的形象塑造过程中确实包含有媒体、公众的劳动，公众人物人格权的经济价值本身也是在社会公众的推动下才产生的，因此本身也具有社会性，自然人的人格权所代表的财富在很大程度上也是社会的财富。那么，谁的劳动中更可能蕴含有支配或占有该形象的意图呢？是

① Michael Madow，Private Ownership of Public Image：Popular Culture and Publicity Right，81 Cal. L. Rev 125，1993.

名人自己还是社会媒体和大众呢?

我们以“名人产业”娱乐业为例。娱乐业以打造明星而著称，结果明星都被塑造为特定的形象，这种标准化带给他们长期稳定的工作收入，大部分明星在这一时期都自愿地接受了行业的控制。尽管存在着他人的投入，名人自身仍然是保持形象、传送信息的主要载体，这样载体的性质使名人的个人自由受到极大限制，而推出名人受益匪浅的机构、新闻媒体等却不会受到这种限制。

公开权的反对者主张既然名人的名声是由他人赋予的，因此名人不能主张对其人格身份的财产权。这种观点显然忽视了其他知识产权也存在这种情况。例如，商标的声誉来自广告媒体的宣传和公众的反应，同样，艺术和文学作品的价值在某种程度上也往往来源于大众的认可。“一件作品的价值因时代和社会而异。”[①] 梵高的画就是在他去世后才价值连城的。尽管关于艺术作品有一种浪漫的观点认为它的价值是内存的，来源于创作者的天赋，但是也有观点认为它的价值来源于社会，它是独立于作者之外的社会力量合作的作品。[②] 换句话说，它的价值取决于评论家、博物馆、收藏者、商人和拍卖行的合力。我们没有因驰名商标和艺术作品中含有公众的劳动而剥夺其主人的商标权和著作权，由此也就不能因名人形象中含有他人的劳动而不赋予其财产权。

正如利益法学派所主张的一样，法律的目的就是平衡这种社会利益和个人利益，实现利己主义和利他主义的结合。[③] 人格权商品化的法律制度就是平衡自然人人格权的经济利益与社会利益的关系。这也正是要限制公开权、限制商品化人格权的原因之一。

---

① Elliott C. Alderman, Resale Royalties in the United States for Fine Visual Artists: An Alien Concept, 40 J. Copyright U. S. A. 1992. pp. 265, 270.

② John Henry Merryman, The Wrath of Robert Rauschenberg, 41 Am. J. Comp. L. 1993, pp. 103, 111 - 12.

③ 张文显:《二十世纪西方法哲学思潮研究》，法律出版社 1996 年版，第 129—130 页。

第三节 公开权受言论自由与新闻自由的限制

在美国，公开权受到的最主要的限制是美国宪法第一修正案所规定的言论自由和新闻自由的限制。1977 年美国最高法院判决的“萨奇尼”一案同时也是探讨公开权和言论自由与新闻自由关系的一个典型判例，因为本案的被告正是代表着言论自由和新闻自由的无冕之王——大众媒体。

在此案中，原告萨奇尼是一位杂技演员，他表演了一个杂技节目“人体炮弹”，表演持续时间约为 15 秒。被告是俄亥俄州的一家电视台媒体，在萨奇尼反对的情况下拍摄了原告表演的全部过程，并在新闻节目中予以播放。本案的初审法院正是从美国宪法第一修正案的角度出发，判决被告胜诉。上诉法院则推翻了初审法院的判决，判定被告侵犯了原告的公开权。俄亥俄州最高法院对此做出了一个模糊的判决，认为原告确实就其表演活动享有公开权，有权控制其表演活动和人格的商业性利用。但在另外一方面又裁定，作为被告的电视台享有宪法第一修正案所规定的新闻自由的权利，电视台并没有利用原告的身份或表演中的商业价值。公开权与言论自由和新闻自由在此发生了冲突。案件上诉至美国最高法院后，美国最高法院做出了一个到现在为止最能令人满意的判决结果。

美国最高法院首先判定被告电视台享有宪法第一修正案所规定的言论自由和新闻自由，重申了言论自由和新闻自由对公开权是一种限制。但在另一方面，最高法院又认为，宪法第一修正案并没有赋予被告播放原告的全部表演的权利。

美国最高法院的推理如下：原告只主张电视台拍摄和播放了他的全部表演过程，因而侵犯了他的公开权，并不质疑电视台对他的表演进行新闻报道所具有的自由权利。原告依据美国普通法所享有的公开权也不能对抗被告大众媒体将其表演作为新闻进行报道，包括报道原告的表演。但是，作为大众媒体的被告播放了全部表演过程，却极大地损害了原告的经济利益，相当于不让原告收取观看表演的入场费。与未经授权而商业性地使用他人的姓名或肖像不一样（侵权），与媒体附带使用他人的姓名或肖像也不一样（新闻报道），播放原告的全部表演影响到了原告获得生计的问题。原告在自己的表演中投入了大量的时间和精力，有权利获得相应的报酬，公开权就是对这种权利所提供的保护，言论自由和新闻自由不得侵犯到原告获得相应的报酬。

可以看出，美国最高法院并没有回答公开权或者新闻自由和言论自由孰低孰高的问题，只是做出了一个“公开权不得限制大众的新闻自由和言论自由，同时大众的新闻自由和言论自由也不得影响个人的公开权”的判断。在本案中，因为被告全程拍摄了原告的表演过程，因此最高法院从程度上可以做出“言论自由和新闻自由侵入了公开权的领域”这样的判断，但我们可以假定如果电视台没有全部拍摄萨奇尼的表演过程，只是拍摄了几个片段，又该如何做出这种判断呢？大众媒体可以深入的程度又在哪里？

从另外一个角度来考虑，任何对原告的表演进行有表演图像报道的新闻都在一定程度上对原告的表演过程进行了侵犯，从而也侵犯了原告的公开权。每个人对于媒体的这种新闻报道的感知程度是不一样的，有些人能从新闻报道中阅读出全部的表演内容，有些人就只能理解出很少的内容。如果只要有人看过新闻报道后就觉得了解了整个表演而决定不再去观看原告的现场表演，那是不是也可以说被告媒体侵犯了原告的公开权呢？而另外一方面，现代社会几乎所有的表演，包括电影、话剧、戏剧、杂技等等，都会在正式表演或上映之前主动将表演的部分内容做成片花、预告片等形式透露给大众媒体，从而主动放弃自己的一部分公开权。既然原告可以主动放弃自己的一部分权利，那么它们放弃权利的程度是不是新闻自由进行报道可以深入到的程度呢？在美国，也许有没有侵权事实这种判断可以、也只能留给陪审团的普通大众去确定，而不需要法官做出判断，但在大陆法系的国家，这是出给法官的一个难题。

在美国，加利福尼亚和纽约等州制定的公开权法律，也开始从正面规定言论自由对公开权的限制。加利福尼亚州民法典第3344条和900条规定，“与新闻、公共事务、体育广播或报道、政治活动相关联”而使用他人的身份，属于公开权的例外。[①] 在上述情况下，有关的使用者不必获得权利人的许可，有关的使用也不会构成对他人公开权的侵犯。根据上述两条规定，即使当商业性媒体进行了未经许可的使用和报道，也不必然构成对于他人公开权的侵犯，这要看未经许可的对他人身份的使用是否与广告的出资者具有直接的联系。如果没有直接的关联，则不存在侵权。根据加州民法典，上述规定不仅适用于活着的人，而且适用于已经去世的人。此外，加州民法典还规定，媒体的所有人或雇员，对媒体上登载的侵犯他人公开权的广告，不承担侵权责任，除非有关媒体的所有人或雇员知道广告中对于他人身份的使用是未经授权的使用。这样，在绝大多数情况下，报纸、杂志、电台和电视台等大众媒体就可以免除侵犯他人公开权的担忧，不必担心会因他人的广告而承担侵权责任。

纽约州“民权法”没有具体的关于公开权例外的规定，但是纽约州的法院，包括设立在纽约州的联邦法院，通过解释“民权法”中的某些规定，以判例的形式探讨了言论自由对于公开权的限定。纽约州“民权法”第51条规定，任何人不得“为了广告的目的或为了商业的目的”未经许可而使用他人的身份。[②] 正是这样一个简单规定，成为一系列案件的判决依据。这一规定可以分为两个部分，“为了商业目的”而未经许可的使用是法院判定侵权的依据，同时也是法院判定新闻自由是否侵犯公开权的限定。也就是说，如果有关的使用不是为了商业目的，而是为了诸如新闻报道的使用，就不构成对公开权的侵犯，属于公开权保护

---

① California Civil Code，sections 3344，900.

② New York Civil Rights Law，section 51.

的例外，是一种“具有新闻价值的例外”（newsworthiness exception）。纽约州上诉法院在1982年的“戴维斯”一案中说：“长期以来我们一直承认，如果媒体对于某一姓名或肖像的使用，是与某一具有新闻价值的信息相关，则这种使用受到第一修正案的保护，不属于民权法所规定的为了商业目的而使用的范围。”① 纽约州最高法院也认为，“应当广泛适用‘具有新闻价值的例外’……‘新闻价值’的问题，最好是由合理的编辑判断或编辑裁量来处理，而司法的介入，仅仅应当发生在这样的案例中，即在肖像和文章之间没有‘真正的联系’，或者该文章是经过伪装的广告。”纽约州最高法院甚至认为，“新闻”这一概念具有非常广泛的含义，不仅包括新闻媒体有自由适用他人姓名和肖像的权利，而且还包括发表具有教育和科学意义的文章。纽约州上诉法院还提出“具有新闻价值的例外”不仅适用于政治事件和社会事件的报道，而且适用于涉及消费者利益的新闻报道和文章。②

加利福尼亚州和纽约州还发展出一种“附带适用”对公开权的限制，即未经许可而对他人身份的使用与商业目的之间必须有某种“直接的关联”才构成侵权，否则就属于“附带使用”，不构成对于他人公开权的侵犯。加利福尼亚州1974年的“强生”一案③中，被告在所出版的英语教材中使用了原告的姓名和经历。加州上诉法院认为，在教科书中，原告的姓名和经历仅仅是作为教育方式来使用的，使用原告的姓名和经历，不是教科书的主要目的，也与学生购买该教科书没有实质性的关系。在使用原告的身份与发行教科书的商业目的之间，不存在“直接的关联”，因此判决被告没有侵犯原告的公开权。纽约州法院在1991年的一个判例中也提出，对于他人的身份，如果是没有重要意义的使用或者一带而过的使用，都不属于侵犯他人的公开权。

---

① Davis v. High Society Magazine, Inc., 90 Appellate Division, second 374, 457 N. Y. S. 2d 308 (1982).

② Stephano v. News Group Publications, 64 N. Y. 2d 174, 485 N. Y. S. 2d 220 (1984).

③ Johnson v. Harcourt, Brace, Jovanovich, 43 Cal. App. 3d 880, 118 Cal. Reporter 370 (1974).

在加利福尼亚州的另外一个案例中，被告是一家报社，在当地球队取得美洲足球“超级杯”比赛的胜利后，被告不仅在报纸的一版刊登了该队球星乔·蒙塔纳（Joe Montana）的大幅照片报道了该消息，而且将其改为海报大量销售给公众。加利福尼亚州法院根据美国宪法第一修正案，认为这种使用受新闻自由的保护，不属于“商业性使用”，因为海报描述的是一条“具有新闻价值的”事件，而且报纸有权复制其已经发行的东西为自己做广告。①

在美国，对“商业性”和“有新闻价值”的区分从20世纪初就已经开始，因为担心赋予私人对其个人信息的全面控制会压制与之对应的他人的言论自由的宪法权利，因此从一开始美国的隐私权法就被宪法第一修正案所保护的言论自由——后来被定义为有新闻价值的信息的公开传播——所限制。在美国早期的公开权判例中，“娱乐性”节目是归类到商业性使用范围内的。第二次世界大战后，美国联邦最高法院明确指出，小说、电影、艺术和其他娱乐性质的言论将受到与“有新闻价值”言论同样的保护。② 很明显，随着社会的不断发展，文化产业经历了从无到有、从滞后到繁荣的发展，传统的“商业性”和“有新闻价值”的划分已经过时。在现代社会中，“娱乐”性言论已经成为社会公众精神文化生活中必不可少的一部分。如果再把这种言论归类为“商业性使用”，势必会损害社会公共利益。

社会现象是复杂的，社会公众使用知名人物形象的方式多种多样，有些使用方式处于灰色地带，单纯的非商业性使用并不多见。报社为报道某条新闻使用知名人物的形象，即是在向社会公众传播有新闻价值的信息，但同时也是为了增加自己的报纸销量，最终还是为了赚取商业利润。如果非要对这种灰色地带进行划分，可以参考美国公开权在此问题

---

① Montana v. San Jose Mercury News, Inc., 34 Cal. App. 4th 790, 795, 797 (1995).

② Ward v. Rock Against Racism, 491 U. S. 781 (1989); Southeastern Promotion, Ltd. V. Conrad, 420 U. S. 546 (1975); Spence v. Washington, 418 U. S. 405 (1974); Joseph Burstyn, Inc. v. Wilson, 343 U. S. 495 (1952); Winters v. New York, 333 U. S. 507 (1948).

上的标准。

在美国，一个与知名人物有关的行为之所以能受到新闻自由的保护，其原因是这种使用行为与赚取商业利润之间没有直接联系，属于“表达性”言论。也就是说，人们是出于“表达”的目的而不是赚取商业利润的目而使用他人的姓名或肖像，就应受到言论自由的保护。对于表达性作品，即使其会带来赢利，也不会影响宪法第一修正案保护的程度。如在 Cardtoons, L. C. v. Major League Baseball Players Assoc. 一案①中，被告发行了载有棒球明星图像的明星卡，法院将明星卡认定为“传达信息的一种重要媒介”，而且法院还提出，虽然这种明星卡不是传统的媒介手段，并且被用于产生收益，但是鉴于其是一种能够传达信息的媒介，并不应该减少其从宪法第一修正案那里获得的保护。

现代科技技术已经很发达，很多人对自己的外貌不满走入美容院进行整容，完全可以把自己整容成一个明星的模样。在现代社会中，整容是很常见的手术，也是合法行为，整容者自愿整容，这种行为针对的是他自己的肖像，名人无权禁止他人“复制”自己的肖像。与此相似，一个人也可以通过合法手续将自己的姓名改成与知名人物一样的名称，甚至直接以其作为自己的笔名、艺名，并进行商业活动。一个普通人还可以模仿歌星的唱法四处表演娱乐秀。

在娱乐模仿节目中，社会公众对知名演员的演出风格的模仿，知名人士能否主张其侵害了自己的人格权？从演出本身的性质来看，演员和主办方的商业目的是显而易见的，但是这种权利又的确涉及到公民自由表现自我的权利，因此需要综合考虑利益冲突。只要在模仿的过程中不存在误导、欺诈公众和侵害知名人物名誉的行为，被模仿的知名人士就不能主张其人格身份商品化受到侵害。

---

① Cardtoons, L. C. v. Major League Baseball Players Assoc., 95 F. 3d 959 (10th Cir. 1996).

第四节 公开权的有限继承

保护死者公开权的问题说到底是保护现世的个人和社会的权益问题。死者的公开权可能影响到的范围并不局限于死者的亲属、继承人以及其他相关利益人，还包括曾经利用过死者生前公开权的法人、社会组织，甚至整个社会。

自然人死亡后，其遗留的人格利益首先仍然是精神利益，他的精神性人格利益，尤其是隐私、名誉、荣誉等人格权是否能得到保护影响到他的后代。康德曾经指出，一个人的好名声是天生的和外在的占有（虽然这仅仅是从精神方面的占有），即使其不能再作为一个有形的人存在了，也应当对此予以尊重。而且进一步而言，他的后代和后继者——不管是他的亲属或是不相识的人——都有资格去维护他的好名声，好像维护他们自己的权利一样。理由是，这些没有证实的谴责威胁到所有的人，他们死后也会有遭到同样对待的危险。①

有学者就指出，在我国现阶段，尤其是自然人刚死亡几十年的时间内，保护死者人格利益的实质和作用，首先是保护死者的配偶、子女和父母的利益。根据现在社会情况下通行的观念，死者的精神性人格权如名誉的好坏，往往影响到对其近亲属的评价，其近亲属也会因而产生荣誉感或压抑感等感受。②

但是，多数人都将死者公开权的继承看作经济利益方面的继承，因为毕竟在更多情况下，死者的人格权利益体现出的是一种经济利益。对于公众人物来讲，其死亡后遗留给后世最多的也是人格身份中的经济价值。而且事实上，任何人格因素中的精神利益都在不同程度上可以转化

---

① ［德］康德，沈叔平译：《法的形而上学原理》，商务印书馆1991年版，第119—121页。

② 魏振瀛：《侵害名誉权的认定》，《中外法学》1990年第1期。

为财产利益。肖像权的客体即肖像的某些物质属性和美学价值更为具体、更为明显，转化的程度更为直观。姓名权、声音权等同样含有财产因素在其中，因此与死者的公开权类似，现在我们要重点研究的人格权继承的问题，不是死者人格利益中的精神价值，而是死者人格权中的财产价值或经济价值。也正是从这个角度来讲，自然人的人格权是可以继承的。

死者人格身份经济权益的保护范围有多大？由谁来继承，又由谁来进行保护？保护期限又是多长时间呢？对于死者公开权的保护期限，美国公开权法有 10 年、50 年、100 年不等的期限，大陆法系到现在为止还没有确定的期限。在我国现在存在三种观点：一种观点认为可以参照著作权法，直接规定死者的人格利益保护期限为 50 年或者 70 年；第二种主张认为应坚持现行司法解释的做法，根据死者的近亲属的范围决定对死者人格利益的保护期限，死者的近亲属不存在了，对死者的人格利益就不再保护；第三种主张认为应根据死者的人格利益种类的不同而设定不同的保护期限。

我们先通过玛丽莲·梦露死后公开权纠纷案来看看美国的公开权是如何规定的。

玛丽莲·梦露 1962 年离世，身后留下的遗产通过其生前订立的遗嘱进行分配。遗嘱的末尾部分出现了美国遗嘱继承中惯常出现的“余产条款”，即对梦露财产主要部分分配完毕后，对可能遗留的其他剩余财产（residuary assets）做出处置。该条款具体内容如下：①

① 梦露遗嘱中的“余产条款”英文原文为：SIXTH：All the rest，residue and remainder of my estate，both real and personal of whatsoever nature and whatsoever situate，of which I shall die seized or possessed or to which I shall be in any way entitled，or over which I shall possess any power of appointment by Will at the time of my death，including any lapsed legacies，I give，devise and bequeath as follows：（a）TO MAY REIS the sum of ＄ 40，000 or 25% of the total remainder of my estate，whichever shall be the lesser.（b）TO DR. MARIANNE KRIS 25% of the balance thereof，to be used by her as set forth in ARTICLE FIFTH（d）of this my Last Will and Testament.（c）TO LEE STRASBERG the remaining balance。

第六：本人的全部剩余遗产，无论是不动产还是动产，无论何种性质、位于何处，在本人死亡时获得、占有或通过任何方式应被授予，或通过本遗嘱委任占有，包括任何失落的继承财产，本人给予、遗赠、遗留给以下人等：

(a) 给予 MAY REIS 40000 美元或者本人剩余资产总额的 25%，以两者中的少数者为准。

(b) 给予 MARIANNE KRIS 博士（经上款扣除后）本人剩余遗产余额的 25%，供其用于本最终遗嘱第五条（d）款之用途。

(c) 给予 LEE STRASBERG 其余全部遗产。

在梦露死后经过几十年的转让委托，其最后余产最终转交给玛丽莲·梦露有限公司（Marilyn Monroe LLC，简称“MMLLC”），并由 CMG 国际公司（CMG Worldwide，Inc.，简称“CMG”）代理。CMG 是一家在印第安纳州注册的专门从事名人公开权开发管理业务的代理公司。[①] MMLLCH 和 CMG 一直以梦露死者公开权受益人的身份，向众多使用梦露姓名、形象等身份特征的商家索取特许使用费，获利不菲。[②]

肖恩家族档案馆（Shaw Family Archives Ltd.，简称“SFA”）是一家主要营业地位于纽约的有限责任公司，其经营者是梦露生前的摄影师萨姆·肖恩的三名子女。在 SFA 所拥有的照片中包括萨姆·肖恩当年为梦露所拍摄的一系列照片。作为这些照片的版权人，肖恩的遗属通过 SFA 将其许可给某些服装商在其生产或销售的 T 恤衫上使用，在包括印第安纳州的一些地区零售，并和其代理商布拉福德许可事务所（Bradford Licensing Associates，简称“Bradford”）一起设立了一个网站，通过该网站顾客可以购买在各种商品上使用梦露照片及形象的许可。

---

① CMG 是美国当今实力最强的从事公开权业务的专业代理公司，至本案时为止已接受了包括梦露、罗莎·帕克（Rosa Park）在内的众多美国名人及其继承人的委托，专事这些名人公开权的开发和经营，以期为其委托人获得最高的利润。

② David Walker, Court Rejects Right of Publicity Claim of Marilyn Monroe Heirs, www.PhotoDistrictNews.com, May 9, 2007.

MMLLC认为根据梦露遗嘱“余产条款”的遗赠，其应为梦露死后公开权的利益承继人（successor-in-interest），SFA和Bradford未经MMLLC许可而商业性地使用梦露的照片、形象和肖像，违反了印第安纳州1994年颁布的公开权法案，[①] 遂于2005年3月23日联合CMG向印第安纳州南部地区法院起诉SFA及Bradford侵权。

该案最终由纽约州法院于2006年5月进行审理，其焦点主要集中于以下几个问题：第一，死者是否具有遗赠其死亡后出现的公开权的能力？第二，由谁来继承在公开权法颁布前已死亡名人的公开权权利？

第一，死者是否具有遗赠其死亡后出现的公开权的能力？

关于死者能否遗赠其死亡以后才出现的公开权，原告MMLLC认为梦露的遗嘱是否包含、遗赠了公开权，应根据新的成文法，而非依据梦露死时的法律。麦克马洪（McMahon）法官在判词中指出：印第安纳州遵循美国大多数州的法律适用规则，即以遗嘱人死时住所地的法律来适用遗嘱的解释。梦露死亡时其住所地可能是纽约州或者加州，但不管是纽约州还是加州法律都不允许遗嘱人通过遗嘱处置其在死时并不实际拥有的财产。纽约州《遗产权力及信托法》第3—3.1项规定“遗嘱人对其全部财产的处置，转移其死时有权处置的全部财产”。在梦露过世的1962年，不管是在纽约州、加州还是印第安纳州，死者公开权都未获得无论是成文法还是普通法上的承认。时至今日，纽约州的法律不仅尚未承认普通法上的公开权，而且将成文法上公开权的享有者限于活人的范围。加州则是在梦露死亡22年后的1984年通过其新制定的《加州民法典》第3344.1条承认了公开权的可继承性，在此之前加州也存在普通法上的公开权，但不能自由转让或继承。印第安纳州则是在1994年通过新的《公开权法案》，首次承认了可继承的死者公开权。在此之前，公开权在印第安纳州也是不能继承的，该等权利只能通过个人的侵犯隐私权

---

① 印第安纳州是迄今美国各州中对公开权保护最为激进的州之一，其1994年新制定的《公开权法案》不仅以成文的形式承认了个人的公开权，而且将对公开权的保护期延续至个人死后一百年。

之诉而获得救济（而隐私权是不具备可继承性的）。因此，在梦露死去的1962年，按照任何相关州的法律，梦露都不享有任何死者的公开权。法官由此推论，根据法律的规定，不论梦露死时的住所地，也不论梦露死后出台的任何新立法（主要指1984年《加州民法典》第3344.1条以及1994年《印第安纳州公开权》法案）可能赋予梦露对其死者公开权的控制，在1962年她死亡时，梦露都不具备遗赠其死者公开权的遗嘱能力，梦露在其生前享有的任何公开权应随其死亡而消失。“就如同一个在其生前不能给予或处置其并不拥有或没有权益的财产，她也不能前瞻性地分配其死时并不拥有或没有权益的财产。因此，在遗嘱人死后新获得的遗产不能通过遗嘱的余产条款发生转移。”“余产条款应做宽泛解释以尽量避免出现无遗嘱继承的原则，只适用于其死时遗嘱人具有的实际利益，而不是财产的预期。”因此，梦露没有处置其死时不存在的公开权的法律权利。

第二，由谁来继承在公开权法颁布前已逝名人的公开权权利？

MMLLC一方提出，“拒绝允许梦露死时不存在的财产通过其遗嘱的余产条款移转，将会使无遗嘱继承人不当获益”，即如果遗嘱继承人不能继承公开权，那么这种权利该由谁持有、处置呢？

加利福尼亚州和印第安纳州的死者公开权成文法都不承认个人可以通过遗嘱移转其死时并不拥有的成文法上的财产权利。其中，《加州民法典》第3344.1（b）—（d）项规定：如果在一个人生前没有发生其死者公开权的转移（通过合同、信托或遗嘱文书安排），那么该项权利则应授予遗嘱人的某些法定继承人。麦克马洪法官分析道：既然遗嘱移转直至遗嘱人死亡时方才生效，那么这样一种移转就不可能按照加州成文法在“死前”生效。因此，任何按照上述成文法授予在该成文法颁布前已逝个人的权利，是不可能通过遗嘱发生移转的，而只能给予成文法规定的法定继承人。印第安纳州的成文法同样规定，如果个人没有通过“合同”、“许可”、“赠予”或“遗嘱文书”转让其公开权，该权利就将按照死者遗产管辖地的无遗嘱继承法律授予其法定继承人，而不论遗产管辖地的法律是否认可死者公开权。

遗嘱人死后出台的新法律是否有权追溯性地给予遗嘱人死者公开权，并允许其成为受遗嘱处置的遗产的一部分？或者说新法律的适用对象是否能够扩展到新法律颁布前的死者，并自其死亡时即生效？从玛丽莲·梦露的遗嘱继承纠纷案可以看出，美国的法官间接默认了公开权的继承性，但是并没有、也不能明确说明公开权如何继承、由谁继承。由于1984年加州的死者公开权法案没有就此做出说明，该案的法官就采取了一种灵活实用的态度，即在假定新法律赋予梦露死者公开权的情况下，确认这种赋予的效力仅起始于新法律颁布之时。换言之就是，即使梦露死后出台的新立法可赋予梦露以死者公开权，这种赋予在梦露死亡之时也尚未发生效力，因此也不属于梦露可以通过遗嘱处置的有效财产。

梦露案的法官如此作解当然有她的巧妙之处。在这样一个假定的前提下，她既为本案做出了结论，又避免了由她来直接判断新法律的追溯既往（或者说是适用对象的范围）这个棘手的问题。但如果我们顺着她的这般思路继续深入分析，也许又不得不面对这样一个困境：对于像梦露这样早年死亡的名人，如果新法律承认他们死后的公开权权益，但仅从新法律颁布时起生效，那么就必然出现一个从其死亡时起至新法律颁布时止的一个权利真空期。在这个真空时期，梦露们的身份已经进入公共领域，成为公用资源，随着新法律的颁布，公用资源又突然转变为私人财产，如此过程恐怕不是大众所能够接受的，况且这也会在一定程度上造成“梦露们”的身份在商业使用上的混乱。所以，就逻辑上可以成立的结构而言，必须有人为1984年加州法案的适用性做出选择：要不就是只能适用于晚于1984年该法颁布时死亡的死者，要不就是在1984年之前划定一个起点年，确认自那年死亡的死者都可依据1984年的法案获得死者公开权，并且该死者公开权的效力都始自其死亡之时。

梦露的死者公开权却是因新的法律的出现而在遗嘱人去世后多年方才产生，并且是一种可以完全独立于任何梦露遗嘱中已处置财产的权益。此外，按照本案判决书确认遗嘱财产的时间点原则，这种死后的公开权权益显然已经脱离了梦露遗嘱可以处置的范围，那么谁又能够成为这种新成立的死者公开权的权利人呢？更直接地讲，谁有资格代表死去的人来受领、管控这种权利（因为死去的人本身显然已不可实际受领）并受益。对此，判决书并未做太深入的分析，只是笼统地指出应把其作为无遗嘱继承的财产，由遗嘱人的法定继承人依法定顺序继承。在这一问题上，反而是一周后出炉的加州诉讼的判决更为明确地规定“法庭承认加州和印第安纳州法律的确将名人死者的公开权给予了（死者）在世的伴侣和子女，即使这些死者死于这些法律颁布之前。但是公开权不能根据名人死者的遗嘱转让给其他受益人”。[1] 但遗憾的是，加州判决的法官也未就此展开详细的论证。不过该法官在其判决中又特别强调：“本判决不反对立法机关制定新的公开权法案，使得（类似本案当事方）的（遗嘱）余产受益人获得死者的公开权。”这也为前文所述两案判决后各方当事人在立法上的继续较量埋下了伏笔。

随着对公开权研究的进一步深入，在美国，自然人的公开权在其死亡后仍然可以得到保护的观念已经获得广泛认可。目前，在保护公开权的绝大多数州中，都已经通过明确的立法或判例，明确规定或裁定公开权是一种财产权，存在于某一自然人死亡之后，可以由他人继承。但是，在保护期限方面，各个州的规定又有明显的差别。在以成文法形式保护公开权的州中，印第安纳州的保护期是死亡后 100 年，俄克拉荷马州规定期限是 60 年，加利福尼亚州、内华达州、肯塔基州规定期限是 50 年，田纳西州则规定保护期是 10 年，或者一直持续到有关的个人形象没有商业性利用的价值为止。以判例法形式保护的州并没有明确规定公开权的保护期限，但是一般认为，在没有明确规定公开权保护期限的情形下，公开权可以在某一自然人死亡后获得一定期限、无条件的保护，例如只

① David Walker, Another Court Says Heirs Don't Have Publicity Rights to Marylin Photos, PhotoDistrictNews. com, September 14, 2007.

要某人的身份还具有商业性的价值，就可以一直保护下去。①

然而，在自然人死亡后公开权的保护方面，纽约州成为一个例外。纽约州将公开权看作隐私权的一部分，完全否定了公开权的存在，也就否定了公开权继承的保护问题。早在1903年纽约州就制定了保护隐私权的法律，并纳入了“纽约州民权法”第50条和51条中，这一法律所包含的内容就是对于公开权的保护。1953年纽约州通过“海兰”一案②提出了公开权的概念，而且做出了一个突破性的裁定，即纽约州的普通法承认公开权是一种财产权。按照该判例，纽约州对于公开权，是以一种财产权来对待和保护，不以原告的感情是否受到伤害为前提，在期限方面，对公开权的保护也自然延伸到自然人死亡之后。

然而到了20世纪80年代，纽约州的法院却开始否定保护公开权的普通法。在1982年“阿灵顿”一案中，纽约州上诉法院指出，1903年纽约州隐私权法的制定，说明在纽约州对于公开权的保护规定只存在于成文法中，而该法第50条和51条的制定范围非常狭窄，仅仅包括了对于个人姓名和肖像的商业性使用，而没有其他的规定，在纽约州不存在普通法意义上的公开权法。③ 纽约州最高法院在1984年“斯丹弗诺”一案中明确裁定，纽约州不存在普通法的公开权法。“由于公开权作为隐私权的一个方面已经包含在民权法中，所以正如有人所指出的那样，公开权在本州仅规定于成文法中，原告不能依据独立的普通法公开权法来主张权利。”隐私权法并不只包含被告的行为造成了原告的精神痛苦，而且也包含不想让自己的生活受到商业性利用的影响。④ 这意味着在纽约州不存在公开权，而只存在隐私权，公开权的内容属于隐私权的范围。而根据纽约州民权法第50条和51条的规定，隐私权与人身紧密相连，不存在自然人死亡后的隐私权，因此就不存在自然人死亡后公开权的保

---

① McCarthy, the Right of Publicity and Privacy, section 9.5 (1996 rev.); McCarthy on Trademark and Unfair Competition (Third Edition), Chapter 28.06 (4), 1995.

② Haelan Laboratories, Inc. v. Topps Chewing Gum, Inc., 202 F.2d 866 (2d Cir. 1953).

③ Arrington v. New York Times Co., 55 N.Y.2d 433, 449 N.Y.S.2d 941 (1982).

④ Stephano v. News Group Publications, 64 N.Y.2d 174, 485 N.Y.S.2d 220 (1984).

护问题。

确定人格权保护期限的原理不同于确定知识产权保护期限的原理，而是应该考虑设立这种保护制度的目的。知识产权具有公共性和外部经济效应的特征，赋予创作者一定期限的独立权，已经给社会造成了一定的社会损失，阻碍其他创作者利用其成果再次进行创作，造成潜在创作者的损失。而个人形象所具有的商业价值与此不同，它的排他性不会妨碍其他人的成名，也不会对消费者造成损害，因此不必要要求这种信息和表达进入公共使用领域。①

自2001年起美国畅销商业杂志《福布斯》的网站每年都要发布一次已故名人收入排行榜，该榜单是福布斯网站通过访问这些名人的遗属、律师以及遗产管理人后评出的。从这张排行榜中我们不难发现，许多名人尽管已经过世多年，但凭借其巨大的社会号召力，仍然在为其继承人创造着惊人的财富，收入额甚至不逊于其生前。例如，1977年去世的一代摇滚巨星“猫王”埃尔维斯·普莱斯利的遗产价值从其死时的490万美元飙升至1980年的7500万美元，进入21世纪以来，他常年稳居福布斯排行榜的榜首，其年度总进账的近4000万美元中有很大一部分即来源于对其公开权的交易。② 而本文梦露案中，MMLLC/CMG之所以孜孜以求地不懈“战斗”也是受到巨大经济利益的驱使。据报道在本案审结之前，MMLLC/CMG就梦露死者公开权的使用而收取的特许使用费每年高达1500万美元，这个价值已经远远超过梦露当年分配给其他继承人的主要遗产的价值，恐怕也不是梦露本人当年所能预料到的。

以上这些事实充分说明，像梦露这样的名人即使已经去世多年，其身份作为一笔可观的经济资源仍然留存，甚至可能因死亡后的纪念意义而获得更高的潜在价值。如果允许这等身份资源在社会上自由地使用

① ［美］理查德·A. 波斯纳，蒋兆康、林毅夫译：《法律和经济分析》（上），中国大百科全书出版社1997年版，第53页。

② J. Graham Matherne, Descendibility of Publicity Rights in Tennessee, 53 Tenn. L. Rev. 753, 759-63（1986）.

（主要是商事从业人员受预期利益的驱使，有兴趣对其加以商业利用），姑且不论某些不适当地使用可能引发对死去名人形象的负面影响，权衡死去的名人及其继承人和这些无偿获得该等资源的商家，这种放任使用的合理性本身就值得疑虑。况且不受制约的使用必然造成滥用，滥用的后果之一就是会造成资源的价值提前枯竭，从整体的社会经济效益来考虑，也难以成为一种良好的选择。

笔者认为，人首先是自然人，其次是社会人。对于一个自然人而言，他的人格权益即使在他活着的时候也是既属于个人，也属于社会，其死亡以后其人格权益也是如此。将自然人死亡后的人格权益要不完全归属于其亲属，要不完全归属于社会和国家，是不合适的。上述第一种观点忽视了死者的自然人属性，忽略了死者人格权保护的现实可能性；而第二种观点则忽略了自然人的社会属性，忽略了人格权商品化的社会性因素。

死者的人格权利益首先是一种个人权益，是一种个人财富，但人格权的权益，尤其是商品化的人格权，离不开整个社会的烘托，个人价值（名人价值）的形成也是社会各种力量聚合的结果，因此死者的人格权权益最终是一种社会财富。因此，对于死者人格利益的保护应该实行这样一种制度：在人格权权利人死亡后，在一定期限内其人格权利益归继承人，在一定期限结束后，死者的人格权益就归国家和社会所有。对于超过保护期限的死者人格利益中的财产价值，他人可以进行开发，以满足社会的需要，创造社会价值。这种制度不仅适用于诸如鲁迅、孔子、华盛顿这样的不同时代的中外名人，也适用于一般的自然人，不应因是否名人而有差别。国家和社会应该设定专门的机构负责管理公众人物死亡后的人格权价值，政府可以设定使用令，经过批准方可使用，使用可以是免费的，也可以作为财政收入的来源之一进行收费，因为名人的公开权已经是一种财富，这才真正是做到了“名人是国家的财富、社会的财富”。

第五节　公开权主体的社会责任

公众人物、知名人士的名誉的形成，既包含着个人的努力和媒体的宣传，也包含着公众的信任。也就是说公众人物、知名人士的姓名、肖像等人格要素中包含着信用的因素在里面。一个自然人将自己的姓名、肖像等人格因素许可他人作为商号或者在其他商业活动中使用，此时其姓名、肖像不但是被许可人信用的载体，也是许可人信用的载体，许可人的信用已因人格要素商业化而转移于被许可人身上。此时，与被许可人进行交易的第三人之所以进行交易，不仅仅是基于被许可人原来的信用，更是基于许可人公众人物的信用。这也是公众人物的人格要素具有经济价值的内在原因。信用作为一种为他人信任的履行义务、尤其是偿还债务的能力，在很大程度上类似于一种担保。许可人授权他人在商业活动中使用自己的人格要素，同时也将自己的信用授予他人，对于与被许可人进行交易的第三者而言，则意味着对该第三人债权的担保。因此，从人格要素能够商品化的内在原因而言，公众人物必须为自己人格权商品化的行为负责任。

保护名人的人格权商品化利益，赋予名人以公开权，使名人有权禁止他人未经其许可而使用其个人形象做广告，使得名人的形象具有与商标权相类似的功能，能够增加消费者对于该产品或服务的信任程度。尽管很多消费者相信名人拍广告是为了获得经济上的收入，也知道利用名人形象做广告的产品价格要远高于没有利用名人做广告的其他同类产品，这些成本最终会由消费者来承担，甚至可以相信广告中的产品或服务与名人本人并没有实质上的关系，但是人们仍然相信名人会为了保护其个人形象而拒绝将其形象使用在那些劣质产品上，名人的名声就是其做广告代言产品的信用担保。

有学者可能会认为，这是对名人提出的过高要求，实际上这些名人早已被大把的钞票冲昏了头脑，即使知道产品有瑕疵也可能会视而不见，更何况这些名人根本就没有时间和能力检验这些产品的性能质量。因此，我们不能指望名人能起到保护消费者利益的作用。

笔者认为，确实不可能要求名人在人格商业化过程中严格审查代言产品或服务的质量，而且这种要求确实没有相关的法律规定，到现在为止也没有一个判例判定名人因其所代言的产品损害了消费者的利益而承担责任。而且笔者也相信，在实际生活中，公众人物一般也都尽量避免滥用自己的商业形象，但是名人的名声的形成过程，其形象所包含的巨额经济价值，就是一种社会信任和信用聚集的结果，社会不能无偿、滥用名人的个人形象，名人也不能对自己的这种负载社会责任和社会信用的形象进行滥用。

在美国，名人代言被视为“证言广告”和“明示担保”，一旦广告不实，消费者可以据此担保索赔，做广告的名人且被要求必须是产品的直接受益者和使用者，如果查出不实，就要处以重罚。在法国名人如做虚假广告造成恶劣后果，甚至要承担刑事责任。而《日本商法典》第23条规定：“向他人许诺使用自己的姓氏、姓名或商号进行经营者，对于将该他人误认为业主而与其进行交易者，与该人一起就交易产生的债务负带赔偿责任。”[①]《韩国商法典》第24条（出借名义者的责任）也有类似规定：“允许他人使用自己的姓名或者商号进行营业的人，对足以误认为自己为业主而进行交易的第三者，应与该他人共同承担连带赔偿责任。”

我国自1989年药品“三九胃泰”首次在其广告中使用名人进行广告宣传以来，名人为产品代言渐成泛滥之势，而1990年颁布的《广告法》等有关法律法规对此并未做出任何明确规定。2008年“三鹿”问题[②]奶

① ［日］卞耀武主编，付黎旭、吴民译：《日本国商法》，法律出版社2000年版，第4—5页。

② 在我国名人代言造成更为恶劣影响的案件是赵本山代言的“蚁力神”，但是鉴于媒体在此案上保持的异乎寻常而又很符合传统习惯的沉默，我们在此不予以讨论。

粉事件爆发后，作为该品牌代言人的邓婕、倪萍、花儿乐队、薛佳凝等明星，一时间成为众矢之的，有关“明星代言广告，该不该对产品质量负责”的旧话题重又被提起。明星们没有一个人出来就自己该承担的责任和义务进行道歉，似乎一旦承担义务，就等于承认自己道德败坏。然而，明星们没有搞清楚的是：责任和义务的产生并非是名人自己能选择的，它是明星们获得人格权商品化之后的对应产品。当明星们收取了厂家的巨额代言费给“三鹿”奶粉做广告，说“××奶粉，值得信赖”的时候，他们出售的可不仅仅是卖相，而是在无形中已经使用了自己的个人信誉，即个人的商品化的人格权，给产品做了一次信用担保。正如在正常的市场经济活动中给其他企业或个人做担保一样，当被担保人欠下一屁股债逃之夭夭的时候，因为担保人是好人，难道就可以免除担保应承担的债务和义务了吗？我们的法律恰恰在这一方面没有类似的条款，因此前面所说的“义务”现在仅仅停留在道德层面上。所以，虽然我们在电视新闻上看到一个个小孩子患了肾衰竭，家长们欲哭无泪，我们却不能谴责为其代言的那些明星。尽管这些人之前在电视上笑嘻嘻地端着奶粉罐子说着“值得信赖”，事后却统统从人间神秘消失，甚至没有一个人敢站出来对无辜的孩子们的遭遇表示同情，更没有人有退钱的意思。公共媒体遇到类似的事情，最多是予以道德上的谴责，社会大众最多也就是在网络上对这些代言的明星进行“人肉搜索”，但整个事件终归还是要以法律作为解决的准线。“三鹿事件”至少向我们表明，明星代言这种权利和义务如此不对等的事情，是该纳入法律的范围，用法律来约束和规制了。

从另外一方面来考虑，使用名人代言的商家也要求公众人物必须保持良好的社会形象，必须为自己的过错行为给商家带来的损失承担一定责任，尽管这种责任有时仅仅是道义上的。不过在现代社会传媒强大到能够控制舆论、能够造星的情况下，商家往往会主动用其他手段维护其代言人的公众形象。

2006 年德国世界杯决赛期间，法国著名球星齐达内头顶意大利球员马特拉齐而被红牌罚出场外后，聘请齐达内为形象代言人的国际商业巨头——法国电信、阿迪达斯、达能、GENERALI 保险公司等陷入危机。为了保证自己的商业利益，维护证齐达内没有污点的形象，他们精心策划，紧急公关，利用大众传媒让齐达内扮演成一个牺牲品的角色，把他塑造成一个忍受无限苦难的受害者形象，一个为了自己的荣誉、家族的荣誉而不得不被红牌罚下的英雄的形象，而马特拉齐则被宣传成一个典型的罪人，最终挽回了齐达内的巨星形象，也避免了这些被代言公司可能遭受的巨额经济损失。

无独有偶，在 2008 年北京夏季奥运会上风光无限、创造历史勇夺九块游泳金牌的美国运动员“飞鱼”菲尔普斯在 2009 年 2 月曝出震惊世界的吸大麻事件，而其时他刚刚来过中国，签约为国内汽车厂商的一款汽车做广告代言。令人惊奇的是，在缄默数日后，菲尔普斯不仅在美国的大众媒体上向公众公开道歉，其后更是单独录制向中国人民道歉的视频，放在中国的门户网站上供中国群众浏览。事后证明，这一切都是菲尔普斯的赞助或代言厂商在幕后操作的结果，目的也就是想以这种“真诚忏悔”的方式获取大众的原谅，挽回菲尔普斯形象的商业价值。

第八章／公开权对我国相关法律改革之意义／

法律制度既是对过去社会历史的总结，也是对社会现实中新出现的事物做出的合理反映。公开权在美国的诞生和发展，正是自由市场经济日趋活跃历史的真实写照，而大陆法系国家人格权的商品化同样是对人格权的历史发展和现实社会需求的反映，我国立法也理应顺时而动，跟上经济社会前进的步伐。随着社会的发展，人格权中的姓名、肖像等能够标识自然人身份的具体人格权，在特定条件下可以与人格主体分离进行商业化利用，甚至一个人的声音、动作、神态等等都可以具有商业化的价值，因此有必要在法律上受到保护。人格权的商品化已经是一种现实的存在，而随着经济市场化、全球化的逐步深入，从法律上承认它、规制它更成为完善市场秩序，维护社会稳定的必然要求。

第一节　借鉴公开权不是要设立新的权利

公开权值得借鉴，因为它的出现反映了现实的需要，这已是我国多数学者的共识，但如何借鉴却是一门科学。由于公开权制度是源于美国法律体系中一个特有的产物，它的产生和发展与美国社会经济、历史发展息息相关。即使是与美国同属普通法系的英国，对引入公开权也持以非常谨慎的态度，更何况国情、历史、法律文化与美国大相径庭的我国。可以肯定的是，把公开权完全照搬到我国是根本行不通的。怎样最有效地借鉴公开权，在我国学术界存在很多争论。

有学者提出，在人格权的内容中增加一项“商品化权”，用以反映人格权的经济或商品属性，认为商品化权就是指公民为了维护其人格中包含的经济利益内涵的、具有商业价值的特定人格利益而享有的一种民事权利。他们还认为，商品化权独立于人格权，并且与人格权不同，商品化权具有选择性，不是每一个人都能够享有商品化权，只有那些具有较高知名度，在社会上拥有广泛影响的人才具有这种权利，而人格权与人身密不可分，不能与人所分离，更不具有商业性，不能用于商业化。[①]“商品化权属于人格权体系的范畴，在逻辑上，它是与具体人格权、一般人格权相并列的一种权利。”[②]

与人格权的商品化相伴随的社会现象中，确实有虚拟人物、表演角色等事物的商品化现象，但它们是人创造出来的产物，不是与人自然的人格身份紧密相联的权利，如果说有些人将虚拟人物、角色等与表演者本人不加分割，那只是这些人的一种不正常精神幻想。事实上，虚拟人物、角色等是一种智力创作的结果，它们可以通过知识产权或反不正当竞争法使权利人的权利得到保障。因此，笔者主张我们应当采纳德国的统一权利模式，承认人格权包含财产利益和精神利益，财产利益可以进行商业化利用，侵犯这一财产利益就应当承担损害赔偿责任。

既然我国的人格权理论继受的是大陆法系的人格权理论，我们还是应该根据大陆法系的传统来解释人格权的商品化现象。我们提出人格权的商品化，并不是希望在人格权体系中增加一种名为“人格权的商品化权”的新权利。

确认一项人格利益是不是构成一个单项人格权的最重要标准，就是这个人格利益是不是具有独立的属性，是不是能够被其他具体人格权所概括、所涵盖。如果一个具有独立意义的人格利益不能够被其他人格权

---

① 李丽峰、李岩：《人格权：从传统走向现代》，中国法制出版社 2007 年版，第 282 页。

② 杨立新、林旭霞：《论人格标识商品化权及其民法保护》，《福建师范大学学报》2006 年第 1 期。

所涵盖、所概括，并且与一般人格利益相比具有鲜明的特征和内容，就应当认为这个人格利益应当作为一个具体人格权。[①] 虽然公开权所涵盖的人格利益可以纳入人格权的范畴，但从现实的角度来看，并不宜在现有的民法体系中新增公开权或商品化权这样的权项。

首先，美国法中公开权概念的产生，是与英美法体系中缺乏人格权的抽象概念相联系的，特别是其没有列举具体人格权类型，只有较为宽泛的隐私权的概念，关于姓名、肖像等的权利往往包括在隐私权内予以保护。而事实上，这些权利与隐私权存在区别，它们可以进行商业化的利用，这就有必要从隐私权脱离，于是在隐私权的基础上形成了特有的公开权制度。[②] 而在大陆法系国家法律中，这些标志人格身份的权利已经成为独立的人格权，尤其是在我国的法律中，姓名、肖像已经被立法确认为独立的具体人格权，因此没有必要在此基础上抽象出一个独立的、宽泛的公开权的概念。

如果引入公开权的概念，则公民所享有的姓名权、肖像权等具体人格权与公开权这种新型权利的关系难以理顺，就可能产生就同一人格利益而形成多重权利的格局。在公民的姓名、肖像受到侵害后，发生既侵害商品化权或公开权又侵害具体人格权的问题，使侵权行为的侵权客体发生混乱，可能人为地造成不必要的责任竞合，从而不利于对公民权利的保护和法官准确适用法律。或许双重权利模式是符合美国的权利救济体系和逻辑方式的，但是在我国的法律逻辑体系下，这一观点存在着矛盾。不能将公开权的利用方式认为是一种新的独立的权利形式，它只能包含在姓名权、肖像权、隐私权等权能之中，未经他人同意而对其人格身份进行商业化利用，只能视为对这些相关人格利益的侵犯，而非侵犯了一种新的权利。

---

① 杨立新、袁雪石：《论声音权及其民法保护》，《法商研究》2005 年第 4 期。

② 引自王利明：《人格权法研究》，中国人民大学出版社 2005 年版，第 268 页。转引自 Scott Jon Shagin & Matthew Savare，Intersection of Right of Publicty and Copyright，Member，NY，NJ & CA Bars。

因此，笔者认为商品化权这个概念不是很妥当。商品化权的范围过于宽泛，既包括特定人格标志的商品化，也包括虚拟角色的商品化、商业标志的商品化、特定事件的商品化等等，甚至可以这么说，任何可以商品化的事物都可纳入商品化权的范畴。在这种情况下，商品化权的主体和客体都发生了混乱，它的主体已经不仅仅限于自然人，还可以是法人以及其他组织，客体也远远超出了人格权的范围。另一方面，商品化权将人格权的商品化视为新产生的一种权利。事实上，人格权的商品化并非产生一种特殊的权利，只是包括在人格权内，只能理解为某些人格权的权能，特别是人格权使用、实现的权能的扩张，而不是生成了一种独立于姓名权、肖像权等具体人格权的权利，更不能说在人格权之外还存在这另一项并立的商品化权。[①]

公开权的内在概念如果以我国现有的人格权体系来判断，确实很难融入现有的体系。有的学者可能会提出，美国的公开权通常被认为是一种财产权，因此可以继承和转让，其专属性较弱。这与大陆法系的人格权理论存在着明显的冲突和混乱，大陆法系的人格权在自然人死亡后就不再享有，人格权在主体死亡之后不能进入公共领域，也不能够被继承，在性质上与传统的人格权不能够兼容，怎么能划分到人格权的体系当中呢？有学者提出，可以承认某些特殊的人格权具有经济价值，其本质上虽然为人格权，但其使用权能包括商业化利用的权能，如果他人侵害此种权能，则可以请求财产损害赔偿。[②] 笔者认为，任何事物都在经历一个不断发展变化的过程，人格权、公开权也不例外。公开权是否应该并且能够纳入大陆法系人格权的范畴，要从人格权的历史发展来看。历史上很多属于隐私权的具体人格，现在已经不属于隐私，我们现在可以规定某些部分人格权具有经济价值，其使用权能包含商业化，但是这些人格权包含哪些具体的人格权呢？随着社会的变迁，人格权的内容越来越

---

① 王利明：《人格权法研究》，中国人民大学出版社 2005 年版，第 282 页。
② 王利明：《人格权法研究》，中国人民大学出版社 2005 年版，第 275 页。

多，也有越来越多的人格权能够进行商业化，因此笔者认为承认人格权的内在经济价值属性，对现有的人格权体系做出必要的改革才是最好的途径。因此针对我国法律体系的构建，公开权应该主要属于人格权的范畴，不能说公开权具有什么特征就归入到哪一类中去，具有财产权、知识产权特征就归入其中。

所以笔者认为，美国的公开权事实上可以融入大陆法系中的人格权。公开权既不是一项新产生的、与人格权平行的商事化的权利，也不是人格权商品化后产生的一种新的具体人格权。公开权一直以来就孕育于人格权中，它体现出的是人格权本身就具有的内在经济价值属性，只不过这种人格权的内在经济价值，在过去囿于单一化的经济价值实现方式而长期不为我们所知。

第二节　公开权对我国人格权发展的启示意义

一、在我国人格要素商品化已经是社会趋势

法律只能随着社会变化而进行改革，而不能因为原有的理论限制社会的发展或者对已经发生、存在的社会关系视而不见。隐私权、公开权都是社会发展的产物。沃伦和布兰代斯在最初提出隐私权的概念时，就已经指出了社会发展应该对新出现的权利做出反应，“个人的人身和财产应当受到保护的原则像普通法一样古老，但是该原则也应当根据时代的变化而赋予其新的性质和内容。政治、社会和经济的变化应当确认新的权利”。①

在整个世界市场经济都蓬勃发展的情况下，在欧美国家，除了生命、健康、自由等权利之外，几乎其他所有的人格要素都已经开始了商品化，

① Samuel D. Warren & Louis D. Brandeis, the Right to Privacy, 4 Harv. L. Rev. 193 (1890).

公众人物的名称被注册成为商标，或者成为商号。自然人，尤其是国际名人的姓名、肖像等人格标志具有特殊的影响力，具有非常巨大的商业价值和感召力，成为国际商业巨头青睐的对象。国际巨星代言的产品广告对于产品的促销产生的巨大的推动作用也是众所周知的。所以，人格权的商品化现象越来越受到大陆法系许多国家的重视。在传统大陆法系国家，如日本，出现了商品化权，不仅对一些商品化的人格权进行保护，而且对人格权的形象（如卡通形象、表演形象）也予以保护。而在普通法系国家，美国自从提出公开权的概念之后，也对隐私权之外的姓名、肖像等权利在商业上的利用予以特别保护。

在我国社会，人格权的商品化也成为一种趋势，商家使用影视明星、体育明星的肖像、姓名、签字等为自己的产品或服务做广告已经成为普世现象，以至于一些名人不能亲自管理其人格要素，而将其授权给其经纪公司或经纪人来进行管理和使用。社会已经产生了赋予被授权的人对抗第三人的权利的需求。从现实的原因来看，对自然人人格权商品化所带来的巨大物质利益不给予保护，显然影响和损害了个人及其利害关系人的经济利益，而仅强调精神利益，对其在经济活动中的利用价值视而不见，显然是不客观、不明智的。

由于没有人格权商品化的保护相关方面的法律法规，在社会生活中我们的法院经常用不当得利来解释侵犯人格权经济属性的侵权行为。如1987 年 3 月 20 日最高人民法院公报发布的卓小红诉孙德西、重庆市乳品公司一案就是一个典型例子。

1983 年 4 月，原告卓小红到被告孙德西工作的重庆摄影公司拍摄生活照，被告孙德西向原告提出再拍摄一张作为摄影公司的样像用，原告同意被告孙德西的请求，但提出该样像只能摆在营业柜台内。1985 年 5 月，在未经原告同意的情况下，被告重庆市乳品公司支付给被告孙德西人民币 40 元，让被告孙德西将原告的样像进行加工后贴在乳品公司的商品上陆续投放市场。原告卓小红因此将两被告诉上法庭。重庆市中级人民法院认为，根据《中华人民共和国民法通则》第 100 条规定：“公民享有肖像权，未经本人同意，不得以营利为目的使用公民的肖像。”两被告孙德西和重庆市乳品公司未经原告同意，以营利为目的，擅自出售、印刷原告的肖像做商标，侵犯了原告的肖像权。1987 年，经人民法院调解达成如下协议：一、被告重庆市乳品公司印刷的以原告卓小红肖像为原型的商品的商标立即停止使用，并将剩下的未投放市场的 400362 张商标全部销毁；二、被告孙德西、被告重庆市乳品公司各赔偿原告卓小红经济损失人民币 150 元、300 元。①

可以看出，我们的法院是以侵权来处理这个案件的，为什么不能用侵权法来保护商品化的人格权呢？主要是因为侵权法的保护方法过于消极，不利于权利主体积极行使权利。人格权商品化这种现象存在的理由就在于能够赋予所有自然人支配自己人格身份要素的权利，明确这些要素能够商业化的条件，从而促进商业交易的发展，以实现社会财富的最大化。对于个人来说，并非所有的个人信息都是像隐私权那样秘密的、不希望别人知道的事实，有些个人信息是可以让他人知悉的，甚至有的还是主体希望他人知悉、希望能够用来赚取利润的事实。

如果以传统人格权的保护理念，从侵权的角度对人格身份权进行法律保护，依据我国现行的民法通则进行判决，原告、被告和社会都会是案件的败诉者，因为以此做出的判决不是促进了这种发展，而是阻碍了社会财富的增加。从上述案例中我们就可以看出，表面上原告获得了胜诉，被告败诉，原告的人格权利益得到了保护，而事实上原告和被告都是这个案例的败诉者。被告使用原告的肖像进行商业活动很明显地说明了原告的肖像具有经济价值，原告的诉讼目的并不一定是阻止被告的使用，而是想让被告对自己肖像的这种使用行为经过自己同意，同时获得相应的报酬。但在传统人格权概念的处理下，人民法院的判决既阻止了原告通过自己肖像商业化获得报酬的途径，同时也阻止了被告重庆乳品

---

① 杨立新、黄琳、陈怡、袁雪石：《人身权法判例与学说》，吉林人民出版社 2003 年版，第 315 页。

公司扩大销售自己的商品获取更多经济利益的可能性。这件事情本来是一个双赢的局面，而在我们法院的审理下，在现有的法律规定下，原告和被告的利益都受到了损害。法律制度、人民法院的作用应该是促进社会发展，降低社会成本，而不是让原被告两者的利益都受损。由此可见，现有的人格权保护制度需要得到进一步的发展。

二、人格权商品化需要突破传统民法理论的某些限制

首先，大陆法系具有刻意保持人格价值的纯洁性，避免人格遭受物欲玷污的历史传统。早期的民法多注重财产关系，将人格平等、意识自治等理念作为财产关系的辅助条件看待，使民法称为财产法，例如罗马法权利概念的核心是“财产权”，今天译为权利的“jus”在《查士丁尼法典》中也仅仅出现在与个人财产有关的地方。随着社会自身发展和人类文明不断进步，法律对人所应当具有的权利越来越关注，民法也演变为以人为最终关怀的法律，人格权从财产权中独立发展，不断充实，成为保障每个人精神利益的最重要保障。出于对人格权精神价值纯洁性的关切和对人格权被物欲玷污的担心，学者们恪守精神利益与财产利益严格区分的原则。例如在起草《瑞士民法典》时，德国学者就对以金钱赔偿精神上损害的规定发出预警，认为这将导致人格商业化，有损人格价值和人格尊严，在我国有关精神损害赔偿也曾经是理论上的禁区。①

其次，大陆法系的法律传统人为地划分精神活动与经济活动。在传统观念中，人的活动可以分为经济活动和精神活动两个方面，人的经济活动由财产法调整，而人的精神活动由人格权法调整，人格是人的精神利益的载体，否认或忽视了人格所具有的直接经济利益，即使承认特定的人格，如姓名、肖像，具有一定的经济利益，也仅仅是作为精神利益派生和转化的利益。实际上，既没有单纯的经济活动，也没有单纯的精

① 王利明、杨立新主编：《人格权与新闻侵权》，中国方正出版社2000年版，第89页。

神活动，违约损害赔偿中照样可以获得精神损害赔偿。像姓名权、肖像权这些能够标识人格身份的权利除了起到标识、区分、代表权利主体的功能外，确实能在经济活动中起到一定的宣传广告作用，甚至能够被直接转让，成为一种纯经济上的权利。但是传统人格权理论忽视或弱化了这些利用方式，从而否定了人格的经济利益。

我国《民法通则》对人格权的规定分为两个部分：一是专设“人身权”一节，规定了公民的生命健康权、姓名权、肖像权、名誉权、人格尊严、婚姻自主权和法人名称权、法人名誉权等人格权；二是在侵权的民事责任一节对侵害公民的身体健康权、姓名权、肖像权、名誉权和法人的名称权、名誉权规定了相应的民事责任。此外，就肖像权的商业利用问题，《民法通则》第100条规定：“公民享有肖像权，未经本人同意，不得以营利为目的使用公民的肖像。”《最高院关于贯彻执行民法通则若干问题的意见》第139条规定：“以营利为目的，未经公民同意利用其肖像做广告、商标、装饰橱窗等，应当认定为侵犯公民的肖像行为。”由此可见，为了维护人格的尊严，人格权理论将人格权视为支配权，权利人直接支配和处分其人格利益，并排除他人的干涉。可见，我国现行法律对肖像权的保护纯粹是从人格利益出发的，肖像权属于公民个人享有，营利使用需经本人同意。

因此，我国《民法通则》关于人格权的规定就有很多不完善之处。一方面，具体人格权的规定不完全，虽然不可能穷尽列举，但是像隐私权、人身自由权、性自主权等没有规定，特别是没有规定一般人格权，而是将人格尊严这个一般人格权的核心规定在名誉权之中。虽然我国和其他大陆法系国家一样，在理论上也承认一般人格权，但在司法实践中，对于姓名和肖像以外的其他能标识人格身份的特征如果受到侵害是否能够请求精神损害赔偿，我国《民法通则》并没有规定。

另一方面，对于人格权的保护规定得不够具体，虽然规定了精神损害赔偿这种民事责任方式，但是在现实中怎样运用规定得不十分明确，基本上是采取保守的立场，尤其是对精神损害赔偿问题，并不是持积极的态度。最高人民法院通过司法解释手段，指定了两个最重要的人格权保护的司法解释，即《关于确定民事侵权精神损害赔偿责任若干问题的解释》和《关于审理人身损害赔偿案件适用法律若干问题的解释》，从而确立了人格尊严的一般人格权地位，对具体人格权进行了补充，确认身体权是具体人格权，包含在民法通则规定的生命健康权当中，规定人身自由权、隐私权等为具体人格权，规定死者的姓名、肖像、名誉、荣誉、隐私以及遗体遗骨均为法律保护的利益，受到人格权法的保护，使我国人格权法所保护的具体人格权及其利益体系初步完善。这两个司法解释同时扩张了精神损害赔偿的适用范围，对所有的人格权以及法律所保护的人格利益，都适用精神损害赔偿责任制度予以保护。

在这种传统人格权理论中人格权被视为支配权，权利人得直接支配和处分其人格利益，并排除他人干涉。我国《民法通则》第99条规定：公民享有姓名权，有权决定、使用和依照规定改变自己的姓名，禁止他人干涉、盗用、假冒。学理上一般认为姓名权是一种专用权，与自然人的人身不可分离，也不得由权利人抛弃；姓名权具有非财产性，它本身不得像财产权的客体一样转让或继承，如果受到损害应当获得相应的精神损害赔偿。

我国现行法律对肖像权的保护也主要从人格利益的角度进行。《民法通则》第100条规定：公民享有肖像权，未经本人同意，不得以营利为目的使用公民肖像。学理上认为虽然肖像权具有一定的经济利益，能够通过将肖像转化为财产上的利益从而使肖像具有物的某些属性，但肖像权最主要是一种精神利益，财产利益只是肖像权精神利益所派生、所转化的利益，并不是肖像权的主要内容。① 对于侵害肖像权的构成要件，也有不少学者认为不应以财产利益是否受损作为判定肖像权是否受到侵害的标准，认为如果坚持把营利目的作为侵害肖像权责任的构成要件，

---

① 王利明、杨立新主编：《人格权与新闻侵权》，中国方正出版社2000年版，第314—315页。

必然会导致承认非营利目的使用他人肖像行为的合法化。如果使用人主观上没有营利目的，未经肖像权人的同意而使用，那么将难以保护肖像权人的人格尊严。①

在美国，隐私权涉及的范围非常广泛，有的可能覆盖对姓名和肖像的保护。我国立法将姓名和肖像从隐私权中剥离出来，单独以姓名权和肖像权予以保护。另外，我国也没有发展出独立的隐私权，只是通过司法解释将名誉权类推使用，认为以书面、口头等形式宣扬他人隐私、损害他人名誉的，就应当认定是侵害公民名誉权的行为。这种将隐私权与名誉权混为一谈的做法，更使隐私权在调整人格权商品化方面的功效大打折扣，因为市场活动中大多数人格权的商品化行为都与名誉侵权无关。

三、发展建议

法定权利分为法律创设的权利与法律追认的自然权利，人格身份权中的生命、身体、健康、自由等人的物理性权利乃是个人与生俱来、自然享有的。虽然生命、自由等权益可由法律加以限制，但并非由法律确认后个人才享有的权利，这些范围内的人格权是不能被放弃、转让及进行商业化的，这些权利受到侵犯也是无法量化的。法律只不过是对这些人格权的实现提供保障、保护。

在传统民法理论中，人格权是指主体对自己的人格要素如生命、健康、姓名、肖像、隐私等享有的一种与主体不可分离的非财产性权利。人格权的独特之处就在于没有主体本身之外的客体，因此人格权被认为是主体所固有的、不可剥夺、不可抛弃、不可转让的且没有财产属性的消极性或防御性权利。② 这是因为诸如姓名、肖像、隐私等人格权的客体只能内在于主体，如果承认这些客体享有财产属性，则无异于承认人

---

① 王利明、杨立新主编：《人格权与新闻侵权》，中国方正出版社2000年版，第317页。

② 王利明：《人格权法研究》，中国人民大学出版社2005年版，第9页。

格主体——人的客体化和财产化。

首先，从正面来分析，人格权的客体都内在于主体、与主体不可分离并不完全正确。在主客体严格区分的近代法律理念下，人的存在被抽象地神圣化了，似乎只能而且永远应该作为一个整体与客体相对应，以主体的身份去支配客体，而人本身任何一部分都不能成为被支配的对象或客体。

其次，从反面来观察，现有法律的规定为肖像权的使用付费等现实存在的现象却提供了合法性，这就意味着在一定程度上肖像等被承认具有财产性的属性。早在19世纪末期德国法学家基尔克(Otto v. Gierke)在其1895年的著作《德国私法》中即确认了人格利益的双重属性，即人格既具有精神性的价值，也具有物质性的价值。[①] 如果承认人格权的经济属性，就意味着人格权主体可能成为被他人支配的客体，违反了主客体区分的理念。这些现实存在的合理性促使我们重新反思这一假设的正确性，重新对商品化后的人格权进行全新的理解和解释。

在人格权的主体方面，如果承认人格权具有了一定的可继承性，人格权的主体就不会局限于原来的自然人本人。在自然人死亡后，其人格权权利主体可以是其继承人，包括继承了权利的自然人、法人甚至国家的政府。例如在美国的公开权制度中，由于公开权可以转让给他人（即把公开权的所有权转让给他人，这种转让可以是继承，也可以是基于合同的转让），因此有资格享有权利、提起公开权权侵权诉讼的就有公开权人、公开权的受让人（包含继承人）和公开权的被许可人。人格权商品化后，人格权的继承人就可以成为自然人死亡后人格权的继承者，但是继承人既然从继承的商品化人格权中获益，同时也就应该向被继承的自然人一样，为这种人格权的商品化继续承担责任和义务。

在人格权的客体方面，从商业化角度来讲，在商业上所使用的任何

---

① 薛军:《人格权的两种基本理论模式与中国的人格权立法》,《法商研究》2004年第4期。

能够确认个人的特征都可以作为个人形象，受到人格权的保护。美国公开权的客体是一种开放的体系，任何能够识别原告的个人特征都可能作为个人形象。我国现有人格权所保护的对象是一个相对封闭的体系，除了姓名和肖像之外的其他人格要素很难受到保护。因此，我们应该借鉴公开权的经验，对人格权商品化所能涵盖的具体人格要素的范围进行扩张。但是，正如《瑞士民法典》所规定的，自然人的权利能力和自由不得抛弃，人身自由等最基本的人权或人格权不得设于他人的权利之下，不得进行商业化，这是一种强制性的规定。我国还是一个具有比较浓厚封建意识和传统的国家，很多人对自己和他人的人身健康、自由的认识还很模糊，要彻底消灭商品化自己人身的意识还需要很长时间，但我们首先就要从法律上否定出卖人身自由等人格权行为的出现。

人格权具有经济利益之后，关于侵害人格权的构成要件是否要以“营利目的”为要件有两种观点。第一种认为参考美国公开权的做法，侵害人格权的构成要件应当同时具备“未经本人同意”和“以营利为目的”。[①] 另一种观点则认为只要是未经权利人同意而使用，就构成侵权，不管是否以营利为目的。笔者认为，人格权在进行商品化之后，人格权仍然具有很强的精神属性，人格权的侵权行为，如侮辱性行为等，有时并不以营利为目的。对姓名、肖像等具体人格权如果只强调对经济属性的保护，就不能全面保护人格权的物理属性和精神属性。因此，不应以是否以“营利目的”作为侵犯人格权的构成要件，而要根据各案的情况，认定具体侵犯的是肖像权的精神利益还是经济利益，并采取相应不同的救济措施。

在美国的公开权制度中，在绝大多数情况下，侵犯公开权适用无过错责任原则，即无论侵权人是否具有主观上的故意或过失，只要其行为在客观上构成了对他人公开权的侵犯，就可以认定侵权的成立。如在纽

---

① 美国的公开权判例一般要求，侵犯“公开权”必须出于商业目的（commercial purpose），公开权通常并不包括在新闻报道、评论、娱乐、虚构或非虚构作品中使用他人的特征，或者偶然在广告中使用该特征。

约州，无论是禁令的下达还是损害赔偿的给付，都不要求侵权人具有主观上的故意或意图，只有在判给惩罚性损害赔偿时，法院才要求侵权人具有主观上的故意。[①] 加利福尼亚州民法典规定，侵犯已死亡的人的公开权，不要求侵权者具有主观上的故意或意图，侵犯活人的公开权，虽然加州民法典第 3344 条要求侵权者应当具有主观上的故意，但法院一般认为，依据加州的普通法，侵权者的故意或意图都不是侵权构成的要件。[②] 借鉴上述美国的经验，笔者认为，在人格权商品化的侵权原则上，也应以无过错责任原则为适应原则。

第三节　“名人责任”在我国的发展

2009 年 2 月 28 日第十一届全国人大常委会第七次会议表决通过了《中华人民共和国食品安全法》，其中第 55 条规定：“社会团体或者其他组织、个人在虚假广告中向消费者推荐食品，使消费者的合法权益受到损害的，与食品生产经营者承担连带责任。”这样，食品安全法出台后，名人明星代言广告再不能信口开河了，名人的人格要素商业化行为开始有了初步明确的法律规定，尽管这种规定还很不完善。

按照食品安全法规定，“问题食品”代言者将承担连带责任，权益受损害的消费者可以向生产经营企业要求赔偿，也可以向推荐该“问题食品”的个人要求赔偿。赔偿时，按照合同的约定或者过错的分担，依法承担赔偿责任。按照法律不溯及既往原则，虽然在“三鹿事件”中的代言明星不用承担法律责任，但是由于社会公众对名人推荐的食品会比较信任，所以法律规定个人承担连带责任的目的就是要求明星在做食品广告的时候要有责任感，不能光做广告，以后出问题就不承担责任，以

① McCarthy on Trademark and Unfair Competition (Third Edition), Chapter 28. 04 (4), 1995.

② McCarthy on Trademark and Unfair Competition (Third Edition), Chapter 28. 04 (3), 1995.

此来保障消费者的权益，保障食品安全。

我们可以看到，尽管在自然人的人格要素商品化方面我国还没有系统地开始法律建设，但是毕竟已经迈出了步伐，人格要素商品化的法律之门已经开启。

/结 语/

与欧洲大陆及秉承大陆法系传统的中国甚至其他同为普通法体系的英联邦国家相比，美国的社会经济政治结构和历史变迁都具有其独特性。美国的普通法传统尤其强调法官立法，相当大部分法律都是由法官在司法实践中形成的，加之美国的政治体制从建国伊始便确立了联邦与各州的分权体系，这些传统皆为美国法律的产生和发展创造了一种独有的社会条件。公开权制度的演进即充分展现了这种文化特征。

而正是由于这一法学传统的特点，美国的法律和法学往往不是那么"体系化"（如我国法律那样将各种法律条文精细地分门别类，特别是在制定新法律法规之初即考虑其定性和类型化问题），新法律问题的出现及其规制，往往散落在针对具体问题的司法意见或学术讨论中。由于注重司法实践，这种法学传统从一开始就带有强烈的实用主义色彩。这里所说的"实用主义"具体表现为以追求经世致用为目的，对一切形而上的实体、抽象原则持怀疑态度，不求体系，而追求对司法活动的实际指导和指导司法的效率。[①] 公开权在美国的高速发展在某种程度上也可以说是这种"实用主义"导向下的结果（特别是本书中提到的那些更多的出于刺激本地经济发展，为抢夺名人资源而匆匆出台有关公开权法令的几个美国州）。

当然，名人权利的过度膨胀，也不是不令人担心的。任何权利的行使都不是没有限制的，必须综合权衡各种相关的利益，公开权也不例外。

---

① 苏力:《波斯纳及其他——译书之后》，法律出版社2004年版，第21页。

正是忧虑于难以在公众利益与名人个人利益之间寻找到最佳的平衡点，即使是在与美国法律传统一脉相承的英国，对公开权的引入，也采取了一种高度的审慎态度。我们现在所能看到的，不是英国对公开权一次性的全盘吸纳，而是依然利用传统的制度，渐进式地扩张对人格身份利益的保护，这也是出于避免完全的法律移植所可能带来的体制脱节风险的考虑。英国如此，其他各国虽然法律传统或体系不尽相同，但在借鉴公开权或实现个人权的商业化的进程中更是小心翼翼，采取了稳步推进的措施，目前仍以有益的试探性尝试为主。

有鉴于此，在我们以美国公开权的研究为切入点来分析完善我们自己的人格权法法律时，就不可忽视以上两国之间的重重差异及公开权已有的弊端。从维护法律制度的稳定和延续性这一现实的角度出发，更为可取的方法是在不破坏我们既有的法律体系（主要是人格权法体系）的基础之上，着重借鉴公开权及其类似制度所反映出的思想方法，并采纳他国已经实践检验有效的个别法律技术和手段，用这些新的思想方法和技术手段来不断充实和更新我们的法律制度，使其能够跟上时代的步伐，反映现实的需要。

具体来讲，对那些已经被中国现有法律规定赋予一定商业化品性的具体人格权（如肖像权），我们可以在此基础上进一步细化其种类并扩张适用范围，而对其他可以创造出商业价值的具体人格权（如姓名权），我们则要在立法上正式地承认其经济利益的内容。同时我们还可考虑适当强化一般人格权的内容，使其具有更为概括的、弹性的品格和扩张力，能够随着社会经济技术的变化，将人格权商业化保护的范围及时拓展到不断涌现的各类人格要素的商业开发和使用中。考虑到人格权商品化使用形式的日新月异，建议在未来重整后的民法典人格权法体系中，不对人格权商品化中的具体商业应用方式、人格要素的内容等做出闭合性的规定，以使一个开放的人格权商品化概念能够随着时代和经济社会的发展而自我更新。而有关人格权商品化的风险限制及权利人的社会责任等内容，除了人格权法本身外，还可付诸于其他民商法领域，如反不正当竞争法、新闻法、广告法等加以综合调整。

不可否认的是，当今的名人市场已僭越了国界。名人资源也是带动经济发展、加强国家竞争力的一种手段。而促进名人经济繁荣的一个重要基础，就是一个国家相关法律制度的健全和完善，这也是公开权制度的历史给我们的重要启示。随着全球经济的一体化和世界大市场的形成，世界各国就公开权及其相关问题展开谈判，达成某种程度上统一的国际规范，也不是毫无希望的空想。

/参考文献/

一、中文著作

1. 王利明：《人格权法研究》，中国人民大学出版社 2005 年版。

2. 王利明：《我国民法典重大疑难问题之研究》，法律出版社 2006 年版。

3. 王利明：《民法总则研究》，中国人民大学出版社 2003 年版。

4. 王利明、杨立新等：《人格权法》，法律出版社 1997 年版。

5. 王利明、杨立新主编：《人格权与新闻侵权》，中国方正出版社 2000 年版。

6. 杨立新：《人格权法》，中国法制出版社 2006 年版。

7. 杨立新：《中国人格权立法报告》，知识产权出版社 2005 年版。

8. 杨立新、黄琳、陈怡、袁雪石：《人身权法判例与学说》，吉林人民出版社 2003 年版。

9. 李明德：《美国知识产权法》，法律出版社 2003 年版。

10. 吴汉东：《知识产权法》，中国政法大学出版社 1999 年版。

11. 吴汉东、胡开忠：《无形财产权制度研究》，法律出版社 2005 年版。

12. 吴汉东等：《西方诸国著作权制度研究》，中国政法大学出版社 1998 年版。

13. 郑成思：《知识产权法——新世纪初的若干研究重点》，法律出版社 2004 年版。

14. 郑成思：《知识产权论》，法律出版社 2003 年版。

15. 郑成思主编：《知识产权文丛》（二），中国政法大学出版社 1999 年版。

16. 张新宝：《隐私权的法律保护》，群众出版社 1997 年版。

17. 梅夏英：《财产权构造的基础分析》，人民法院出版社 2002 年版。

18. 李丽峰、李岩：《人格权：从传统走向现代》，中国法制出版社 2007 年版。

19. 赵万一：《民法的伦理分析》，法律出版社 2003 年版。

20. 刘春田：《知识产权法》，中国人民大学出版社 2003 年版。

21. 刘得宽：《民法诸问题与新展望》，中国政法大学出版社 2002 年版。

22. 龙显铭：《私法上人格权之保护》，中华书局 1948 年版。

23. 陈旭主编：《知识产权案例精选》，法律出版社 1999 年版。

24. 张文显：《二十世纪西方法哲学思潮研究》，法律出版社 1996 年版。

25. 苏力：《波斯纳及其他——译书之后》，法律出版社 2004 年版。

二、学位论文

1. 郭晓红：《公开权若干法律问题研究》，中国人民大学 2007 年博士学位论文。

2. 程合红：《商事人格权论》，中国政法大学 2001 年博士学位论文。

3. 赵丝幪：《从知识产权到商品化权》，中国政法大学 2006 年硕士学位论文。

4. 邹军华：《公开权研究》，中国政法大学 2005 年硕士学位论文。

5. 王文英：《商品化权法律问题研究》，吉林大学 2004 年硕士学位论文。

6. 邓宏光：《论公开权》，西南政法大学2002年硕士学位论文。

三、刊载论文

1. 王利明：《人格权制度在中国民法典中的地位》，《法学研究》2003年第2期。

2. 刘春霖：《商品化权》，《河北大学学报》1999年第4期。

3. 彭雪梅：《商品化权的法律保护》，《著作权》2001年第5期。

4. 董炳和：《论公开权》，《法律科学》1998年第4期。

5. ［日］荻原有里：《日本法律对商业公开权的保护》，《知识产权》2003年第5期。

6. 程合红：《商事人格权——人格权的商业利用和保护》，《政法论坛》2000年第5期。

7. 李诗鸿：《论商品化权》，《江淮论坛》2005年第6期。

8. 杨立新、林旭霞：《论人格标识商品化权及其民法保护》，《福建师范大学学报》2006年第1期。

9. 申政武：《论人格权及人格损害的赔偿》，《中国社会科学》1990年第2期。

10. 杨立新、林旭霞：《论人格标识商品化权及其民法保护》，《福建师范大学学报》2006年第1期。

11. 杨立新、袁雪石：《论声音权及其民法保护》，《法商研究》2005第4期。

12. 朱槟：《关于角色的商品化权问题》，《中外法学》1998年第1期。

13. 杜颖：《论商品化权》，《民商法论丛》第13卷，法律出版社2000年版。

14. 林雅娜等：《美国保护虚拟角色的法律模式及其借鉴》，《广西政法管理干部学院学报》2003 年第 5 期。

15. ［美］苏珊·瑟拉德:《美国联邦商标反淡化法的立法与实践》,《外国法译评》1998 年第 4 期。

16. 薛虹:《非财产损害刍议》,《现代法学》1994 年第 5 期。

17. 魏振瀛:《侵害名誉权的认定》,《中外法学》1990 年第 1 期。

18. 薛军:《人格权的两种基本理论模式与中国的人格权立法》,《法商研究》2004 年第 4 期。

19. 张今编译:《英国:姓名、形象的商品化和商品化权》,《中华商标》2008 年第 8 期。

四、英文著作/译著

1. American Law Institute, Restatement (third) of Unfair Competition, 1995.

2. J. Thomas McCarthy, McCarthy on Trademark and Unfair Competition (Third Edition), 1995.

3. J. Thomas McCarthy, The Right of Publicity and Privacy, (Rev. 1997) .

4. James O. Grunebaum, Private Ownership (1987) .

5. Heijo E. Ruijsenaars, Legal Aspects of Merchandising: The AIPPI Resolution, (1996) .

6. ［英］F. H. 劳森、B. 拉登,施天涛等译:《财产法》(第二版),中国大百科全书出版社 1998 年版。

7. ［英］洛克著,叶启芳等译:《政府论》(下),商务印书馆 1996 年版。

8. ［德］康德,沈叔平译:《法的形而上学原理》,商务印书馆 1991 年版。

9. ［美］理查德·A. 波斯纳,苏力译:《超越法律》,中国政法大学出版社 2001 年版。

10. ［美］理查德·A. 波斯纳，蒋兆康、林毅夫译：《法律的经济分析》（上），中国大百科全书出版社 1997 年版。

11. Cavendish Publishing Limited，徐亮译：《最新不列颠法律袖珍读本·知识产权法》，武汉大学出版社 2003 年版。

12. ［日］卞耀武主编，付黎旭、吴民译：《日本国商法》，法律出版社 2000 年版。

五、英文论文

1. Michael Henry，International Privacy，Publicity and Personality Laws，（2001）.

2. Rosenthal Kwall，Fame，73 Indiana L. J. 1（1997）.

3. Jeffrey Richardson，Michigan Needs A Statutory Right of Publicity，86 MI Bar Jnl.（2007）.

4. Melville Nimmer，The Right of Publicity，Law & Contemporary Problems 203（1954）.

5. Prosser，Privacy，California Law Review，383（1960）.

6. Julius C. S. Pinckaers，From Privacy toward a New Intellectual Property Right in Personal，Kluwer Law International（1996）.

7. Michael Madow，Private Ownership of Publicity，49 Duke L. J. 383（1999）.

8. Alice Hacmmerlic，Whose Who The Case for a Kantion Right of Publicity，Duke Law Journal，VOL. 1999.

9. Kalven，Privacy in Tort Law：Were Warren and Brandies Wrong，31 Law & Contempt. Probs. 331（1966）.

10. Leo Brandy，The Frenzy of Renown：Fame & Its History 452（1986）.

11. Neil Harris, Who Owns Our myths? Heriosm and Copyright in an age of Mass Culture, S2 Soc. Res. 241, 151 (198).

12. Warren I. Susman, Culture as History: the Transformation of American Society in the Twentieth Century, 271 – 85 (1984).

13. Marshall Leaffer, The Right of Publicity, 70 Alb. L. Rev. 1357 (2007).

14. Neil Postman, Amusing Ourselves to Death: Public Discourse in the Age of Show Business, 60 (1985).

15. Stuar Ewen Culture, All Consuming Images: The Politics of Style in Contemporary Culture, 98 (1988).

16. Amy D. Hogue, Image Consulting, Intellectual Property of Supplement to National Law Journal, 20 (Feb. 12 1998).

17. Elliott C. Alderman, Resale Royalties in the United States for Fine Visual Artists: An Alien Concept, 40 J. Copyright U. S. A. 1992.

18. John Henry Merryman, The Wrath of Robert Rauschenberg, 41 Am. J. Comp. L. 1993.

19. Cardtoons, L. C. v. Major League Baseball Players Assoc., 95 F. 3d 959 (10th Cir. 1996).

20. David Walker, Court Rejects Right of Publicity Claim of Marilyn Monroe Heirs, www. PhotoDistrictNews. com, May 9, 2007.

21. David Walker, Another Court Says Heirs Don't Have Publicity Rights to Marylin Photos, PhotoDistrictNews. com, September 14, 2007.

22. J. Graham Matherne, Descendibility of Publicity Rights in Tennessee, 53 Tenn. L. Rev. 753, 759 – 63 (1986).

致谢

不知不觉中光阴悄然流逝，人大法学院的学习生涯给我留下了太多难忘的记忆，不仅仅是获取知识的喜悦，更是与老师同学交往过程中所结下的深厚情谊。学无止境，虽然已跨出校园的大门多年，但摆在我面前的求知之路依然漫长。“路漫漫其修远兮，吾将上下而求索”，老师的教诲、同学的榜样时刻都在激励着我不断地自我鞭策、自我完善。

谢谢恩师王利明教授，“师者，传道、授业、解惑者也”，但王老师的言传身教早已超越了这个狭小的范围，他严谨的学风、刻苦的治学态度、对学生的耐心和严格以及忧国忧民的情怀，都集中体现出一代知识分子高尚的为学做人之风范。我有幸在王老师的指导下学习，感触最深的不是王老师对学术成果的追求，而是研究过程中的自律精神，这对我今后的工作生活都具有表率作用。

本书是以我2009年的博士论文为基础修订完成的，再次感谢姚辉、王轶老师在本书开题时的指点，感谢石佳友老师在初稿完成后多次提出的修改建议，感谢许中缘师兄、孟强师弟数年同窗期间所给予的各种帮助。多年来与人大法学院的老师和同学们的紧密接触，使我如沐春风，倍感温暖。祝愿大家未来的生活幸福平安！

另外，我还要特别感谢美国纽约大学法学院的William Allen教授对我论文的支持和指导。作为我留学期间的授课老师，Allen教授对我回国后写作论文的思路和资料搜集都提出了中肯的意见。

最后，我要把深沉的谢意留给我的家人，尤其是我的父亲——北大法学院的李贵连教授，尽管我知道这一切于他们并无必要。经历了世间的风雨和惨祸病痛的长期折磨，虽然焦灼痛楚仍在，但我们的内心已经愈加强韧而宽广。感谢我的父母和亲友，你们的爱永远“是我无遮拦天空下的荫蔽”，我唯愿努力再努力而不使你们失望。